典绘中华丛书

品鉴华夏之美

帝鉴图说

（明）张居正　马自强　吕调阳　编撰

作家出版社

帝鑑圖說

（明）张居正　马自强　吕调阳 - 编撰

作家出版社

目录

上篇 聖哲芳規

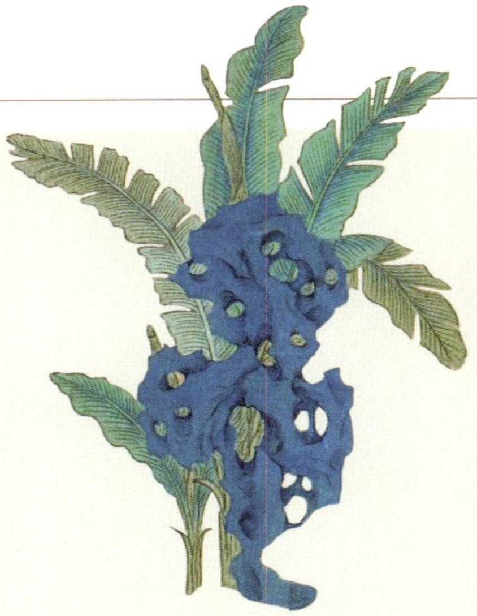

下篇

狂愚覆辙

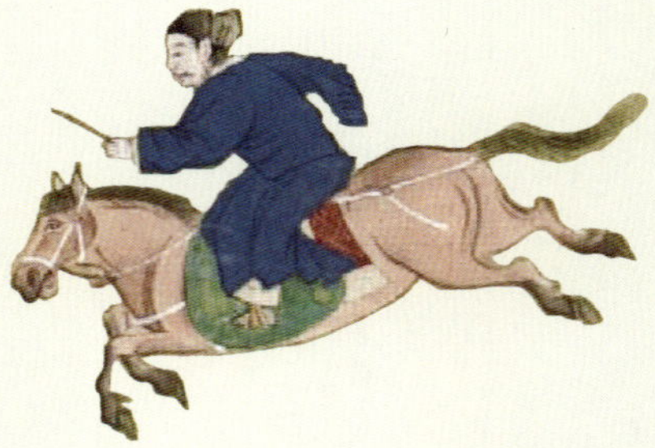

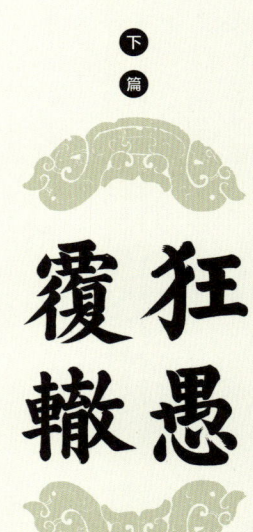

帝鉴图说叙

万历癸酉仲春吉日
礼部尚书兼翰林院学士华亭　陆树声　撰

帝鉴图说者，今元辅少师张公辑以进御者也。上初登大宝，召见公平台，隆倚眷，公亦精白，佐上访落理垂衣也。上睿哲，挺上智资。公首陈劝学，所简进侍从、儒臣分日直讲，公偕少保吕公侍，数承清问，效启沃。上益向意于学，公令讲臣采摭前代君人治绩，遡唐虞以迄汉、唐、宋，理乱、兴衰、得失可为劝戒者，条陈其事百余，各因其事绘图，系之说，以备乙览存考镜。

马题曰『帝鉴』，公草疏率诸讲臣进之黼座，上为起受，顷间彻睿览，指其中一一顾问公。公对如指。一时廷臣谓上明圣不出世也。夫所贵乎君人务学者，学为君也。君者抚九有而治，治本乎道，繇其道而治兴，不繇其道而否者，历征前代往迹昭然，孅恶举而不爽，考睹矣。故曰前王之遗轨，后王之永鉴，世主未有不师古而善治者，乃或有谬悠其涂辙罔轨，于圣哲而狂愚是蹈焉，由鉴与罔鉴间耳。鉴于言而弗迪，厥行于持其始而鲜克终，犹罔鉴也。唐虞而后论治者，则商周首称然。殷鉴有夏，周鉴有殷，其道同也。下是者，无论两汉即唐宋之君，非无中材，间亦有绘前代之迹者，有图无逸于屏者，乃其君臣取具于缘饰，而鲜交修之实，竟其治不能睎隆古于百一。

上聪明，首出既冲年，纂历服，孳孳法古图治，任用贤哲，方开泰治以永熙。图将唐虞复出，即商周不啻也。千百世而下仰稽帝范者，知明有哲，后乃亦有交修一德之臣，则是图有不视为典训，著垂无疆者哉。公以公忠受简知，上尝亲洒宸翰，锡公良臣，夫有明后者斯臣良，今其时千载一遇也。声不佞，被遇三朝，病违朝列者二十余年，顷奉诏，备礼官，思夙夜奉职未遑也。属公所进图说，上嘉纳，敕下礼官宣付史馆，公复梓其副，以扬休美。属以校梓者，则文学乔子承华谓声礼官也，宜叙端简。

上篇

聖哲芳規

任賢圖治

壹 任贤图治

唐尧帝

唐史——

纪尧命羲和，敬授人时。羲仲居嵎夷，理东作；羲叔居南交，理南讹；和仲居昧谷，理西成；和叔居朔方，理朔易。又访四岳，举舜登庸。

唐史上，记帝尧在位，任用贤臣，与图治理。那时贤臣有羲氏兄弟二人、和氏兄弟二人。帝尧着他四个人敬授人时，使羲仲居于东方嵎夷之地，管理春时耕作的事；使羲叔居于南方交趾之地，管理夏时变化的事；使和仲居于西方昧谷之地，管理秋时收成的事；使和叔居于北方幽都之地，管理冬时更易的事。又访问四岳之官，着他荐举天下贤人可用者，于是四岳举帝舜为相。那时天下贤才，都聚于朝廷之上，百官各举其职，帝尧垂拱，无为而天下自治。

盖天下可以一人主之，不可以一人治之。虽以帝尧之圣，后世莫及，然亦必待贤臣而后能成功。书曰：『股肱惟人，良臣惟圣。』言股肱具而后成人，良臣众而后成圣，意亦谓此。其后帝舜为天子，也跟着帝尧行事，任用九官十二牧，天下太平，乃与群臣作歌以纪其盛，曰：『元首明哉，股肱良哉，庶事康哉。』所以，古今称『尧舜垂衣裳而天下治』，斯『任贤图治』之效也。

贰

谏鼓谤木

唐尧帝

唐史——纪尧置敢谏之鼓，使天下得尽其言；立诽谤之木，使天下得攻其过。

唐史上，记帝尧在位，虚己受言，常恐政事有差谬，人不敢当面直言，特设一面鼓在门外，但有直言敢谏者，着他就击鼓求见，欲天下之人，皆得以尽其言也。又恐自己有过失，人在背后讥议，己不得闻，特设一木片在门外，使人将过失书写在木上，欲天下之人，皆得以攻其过也。

夫圣如帝尧，所行皆尽善尽美，宜无谏可谤者，而犹惓惓以求言闻过为务，故下情无所壅而君德日以光。然欲法尧为治，亦不必置鼓立木，徒仿其迹，但能容受直言，不加谴责，言之当理者，时加奖赏以劝励之，则善言日闻而太平可致矣。

叁 孝德升闻

虞舜帝

虞史——

纪舜父瞽叟，娶后妻，生象。父顽母嚚，象傲，常欲杀舜。舜避逃，克谐以孝。瞽叟亦允若。帝求贤德可以逊位，群臣举舜，帝亦闻之。于是以二女妻舜，舜以德率二女，皆执妇道。

孝德升聞

虞史上，记大舜的父是个瞽目人，他前妻生的儿子就是大舜。舜母故了，瞽叟又娶一个后妻，生的儿子叫作象。那瞽叟愚顽不知道理，后妻嚚恶不贤，象又凶狠无状，他三个人时常商量着要杀舜。舜知道了，设法躲避，然后得免；然终不敢怨其父母，只尽自家的孝道，久之，感化得一家人都和睦。瞽叟见他这等孝顺，也相信喜欢了，所以人都称他为孝子。当时帝尧要求贤德的人可逊以帝位者，群臣都举荐他。此先，帝尧已知大舜善处父母兄弟，是个圣人，但是不知处夫妇之间何如。于是召舜去，把两个女儿都嫁与他为妻。舜又能以德化率这二女，在他父母前尽做媳妇的道理。尧因此遂禅以帝位。

自古圣贤，皆以孝行为本，然父母慈爱而子孝顺，尚不为难。独舜父母不慈，而终能感化，所以当时以为难能，而万世称为大孝也。

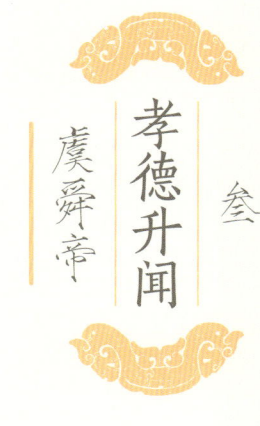

肆

揭器求言

夏禹一王

夏史——

纪大禹悬钟、鼓、磬、铎、鼗(táo)，以待四方之士，曰：『教寡人以道者，击鼓；谕以义者，击钟；告以事者，振铎；语以忧者，击磬；有狱讼者，摇鼗。』

揭器求言

夏史上，记大禹既居帝位，恐自家于道有未明，义有未熟，或事务有不停当处，或有可忧而不知，或狱讼之未断，四方远近的人，无由得尽其言。于是将钟、鼓、磬、铎、鼗五样乐器挂在外面，告谕臣民说道：『有来告寡人以道者，则击鼓；谕以义者，则撞钟；告以事者，则振铎；语以忧者，则敲磬；有狱讼者，则摇鼗。』禹在里面，听见有那（nǎ）一件声响，便知是那一项人到，就令他进见尽言。

夫禹是大圣，聪明固已过人，而又能如此访问，则天下事务岂有一件不知？四方民情岂有一毫壅蔽？此禹之智所以为大，而有夏之业所由以兴也。

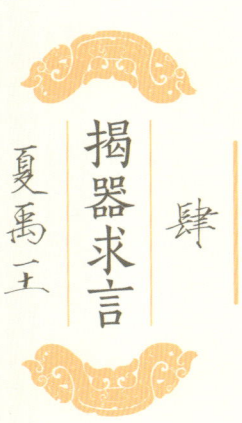

伍 下车泣罪

夏禹王

夏史——

纪大禹巡狩，见罪人，下车问而泣之。左右曰：『罪人不顺道，君王何为痛之？』王曰：『尧舜之人，皆以尧舜之心为心；我为君，百姓各以其心为心，是以痛之。』

夏史上，记大禹巡行诸侯之国，路上遇见一起犯罪的人，心中不忍，便下车来问其犯罪之由，因而伤痛垂泣。左右的人问说：『这犯罪之人，所为不顺道理，正当加以刑罚，君王何故痛惜他？』禹说：『我想尧舜为君之时能以德化人，天下的人都体着尧舜的心为心，守礼安分，自不犯刑法。今我为君，不能以德化人，这百姓每各以其心为心，不顺道理，所以犯罪。是犯罪者虽是百姓，其实由我之不德有以致之。故我所以伤痛者，不是痛那犯罪之人，盖痛我德衰于尧、舜也。』

夫禹不以罪人可恶，而以不德自伤如此，则所以增修其德，而期于无刑者，无所不至矣。

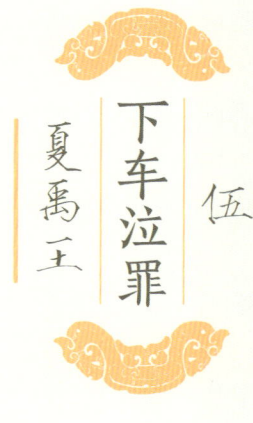

陆

戒酒防微

夏禹王

夏史——纪禹时仪狄作酒。禹饮而甘之，遂疏仪狄，绝旨酒，曰：『后世必有以酒亡国者。』

戒酒防微

夏史上，记大禹之时，有一人叫作仪狄，善造酒。他将酒进上大禹，禹饮其酒，甚是甘美，遂说道：『后世之人，必有放纵于酒以致亡国者。』于是疏远仪狄，再不许他进见；屏去旨酒，绝不以之进御。

夫酒以供祭祀、燕飨，礼所不废，但纵饮过度，则内生疾病，外废政务，乱亡之祸，势所必至。故圣人谨始虑微，预以为戒。岂知末世孙桀，乃至以酒池牛饮为乐，卒底灭亡。呜呼！祖宗之训可不守哉！

柒 解网施仁

商汤王

商史——

纪汤出，见网于野者，张其四面而祝之曰：『自天下四方，皆入吾网。』汤曰：『嘻，尽之矣！』解其三面，而更其祝曰：『欲左，左；欲右，右；欲高，高；欲下，下。不用命者，乃入吾网。』汉南诸侯闻之曰：『汤德至矣，及禽兽。』一时归商者，三十六国。

商史上，记成汤为君宽仁，尝出至野，见有人四面张着罗网捕鸟雀，口里祷祝说：『从天上坠下的，从东西南北四方飞来的，都要落在我网里。』汤闻之不忍，叹息说：『这等是那鸟雀一个也逃不出去了，何伤害物命不仁如此！』于是使从人将那网解去三面，止存一面。又重新替他祷祝，说道：『鸟之欲左者左，欲右者右，欲高者高，欲下者下，任从你飞翔。只是舍命要死的，乃落吾网中。』夫汤之不忍于害物如此，其不忍于害民可知。所以，当时汉江之南，列国诸侯闻汤这一事，都称说：『汤之仁德，可谓至矣。虽禽兽之微，亦且及之，而况于人乎？』于是三十六国，一时归商。

盖即其爱物，而知其能仁民，故归之者众也。

捌

桑林祷雨

商汤王

商史——纪成汤时，岁久大旱。太史占之曰：『当以人祷。』汤曰：『吾所为请雨者人也，若必以人，吾请自当。』遂斋戒，剪发断爪，素车白马，身婴白茅，以为牺牲，祷于桑林之野，以六事自责曰：『政不节与？民失职与？宫室崇与？女谒盛与？包苴行与？谗夫昌与？』言未已，大雨方数千里。

桑林祷雨

商史上，记成汤之时，岁久不雨，天下大旱。灵台官太史占候说：『这旱灾，需是杀个人祈祷，乃得雨。』成汤说：『我所以求雨者，正是要救济生人，又岂忍杀人以为祷乎？若必用人祷，宁可我自当之。』遂斋戒身心，剪断爪发，素车白马，减损服御，身上披着白茅草，就如祭祀的牺牲模样，乃出祷于桑林之野，以六件事自责，说道：『变不虚生，必有感召。今天降灾异以儆戒我，或者是我政令之出，不能中节欤？或使民无道，失其职业欤？或所居的宫室过于崇高欤？或宫闱的妇女，过于繁盛欤？或包苴之贿赂，得行其营求欤？或造言生事的谗人，昌炽而害政欤？有一于此，则宁可降灾于我一身，不可使百姓每受厄。』汤当时为此言，一念至诚，感动上天，说犹未了，大雨即降，方数千里之广。盖人有善念，天必从之。况人君为天之子，一言一动，上帝降临，转灾为祥，乃理之必然也。

德滅祥桑

玖

德灭祥桑

商中宗

商史——
纪太戊时，有祥桑与榖（gǔ），合生于朝，一暮大拱。太戊惧，伊陟（zhì）曰：『妖不胜德，君之政，其有阙与？』太戊于是修先王之政，明养老之礼，早朝晏退，问疾吊丧，三日而祥桑枯死。三年，远方重译而至者七十六国，商道复兴。

商史上，记中宗太戊之时，有妖祥之桑树与榖树，二物相合生于朝中，一夜之间，就长得大如合抱。中宗见其怪异，心中恐惧，以问其臣伊陟。伊陟说道：『这桑榖本在野之物，不宜生于朝。今合生于朝，又一夜即大如拱，诚为妖异。然妖不胜德，今朝中生这妖物，或君之政事有缺失欤？君但当修德以胜之，则妖自息矣。』中宗于是听伊陟之言，修祖宗的政事，明养老的礼节；早朝勤政，日晏才退；百姓们有疾苦问之，有丧者吊之。太戊有这等德政，果然妖物不能胜。三日之间，那桑与榖自然枯死。三年之后，远方外国的人，慕其德义，经过几重通事译语朝他的，有七十六国。商道前此中衰，至此而复兴焉。

夫妖不自作，必有所召。然德在当修，亦岂待妖？观太戊之祥桑自枯，益信妖不足以胜德，而为人君者，不可一日不修德也。

拾

梦赉良弼

商高宗

商史——

纪高宗恭默思道，梦帝赉（lài）良弼，乃以形旁求于天下。说（yuè）筑傅岩之野，惟肖，爰立作相。命之曰：『朝夕纳诲，以辅台（yí）德。启乃心，沃朕心。』说总百官，佐成商家中兴之业。

夢賚良弼

商史上，记商高宗初即帝位，在谅阴之时，恭默不言，想那治天下的道理，于是至诚感动天地。一日梦见上帝赐他一个忠臣辅佐他，醒来就把梦中所见的人，使人画影图形，遍地里去访求。至于傅岩之野，见一个人叫作傅说，在那里筑墙，却与画上的人一般模样。召来与他讲论治道，果然是个贤人，于是就用他做宰相。命他说：『你朝夕在我左右，进纳善言，以辅我之德。当开露你的心，不可隐讳；灌溉我的心，使有生发。』傅说既承高宗之命，统领百官，劝高宗从谏、好学、法祖、宪天。高宗能用其言，遂为商家中兴之主。详见商书·说命三篇。

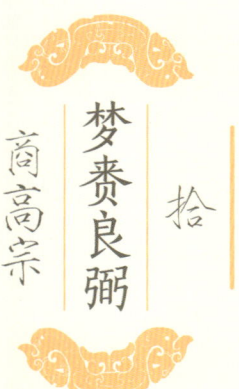

拾壹

泽及枯骨

周文王

周史——

纪文王尝行于野，见枯骨，命吏瘗（yì）之。吏曰：『此无主矣。』王曰：『有天下者，天下之主；有一国者，一国之主。我固其主矣。』葬之。天下闻之，曰：『西伯之泽及于枯骨，况于人乎？』

周史上，记文王初为西伯时，一日出行于郊野之外，见死人的枯骨暴露于外，因吩咐吏人以土瘗埋之。吏人对说：『这枯骨都是年久死绝的人，已无主了。』文王说道：『天子有天下，就是天下的主；诸侯有一国，就是一国的主。今此枯骨，我就是他的主了。何忍视其暴露，而不为掩藏之乎？』乃葬而掩之。时天下之人，闻文王这等阴德，都说道：『西伯的恩泽，虽无知之枯骨亦且沾及，况有生之人乎？』

夫文王发政施仁，不惟泽被于生民，而且周及于枯骨。所谓『为人君，止于仁』者，此类是也。岂非有天下者之所当取法哉？

拾贰

丹书受戒

周武王

周史——

纪武王召师尚父而问曰：『恶（wū）有藏之约，行之行，万世可以为子孙常者乎？』师尚父曰：『在丹书。王欲闻之，则斋矣。』三日，王端冕，下堂南面而立。师尚父曰：『先王之道不北面。』王遂东面立，师尚父西面道书之言曰：『敬胜怠者，昌；怠胜敬者，亡。义胜欲者，从；欲胜义者，凶。藏之约，行之行，可以为子孙常者，此言之谓也。』王闻之而书于席、几、鉴、盥、盘、楹、杖、带、履、觞、豆、户、牖、剑、弓、矛，皆为铭焉。

周史上，记武王即位之初，向老臣师尚父问说：『凡前人创造基业，将使后人世世守之也，而能世守者甚少。不知有什么道理，藏之简约，行之顺利，而可以为万世子孙常守者乎？』师尚父对曰：『有一卷书，叫作丹书，这个道理皆在其中。王欲闻之，必须重其事，斋戒而后可。』武王于是斋戒了三日，端立官冕，不敢上坐，下堂南面而立，致敬尽礼，求受丹书。师尚父说：『南面是君位，北面是臣位。王南面而立，则丹书当北面而授，先王之道至大，岂可北面而授受乎？』王遂东面而立，不敢居君位。师尚父西面而立，亦不居臣位，乃述丹书中的言语，说道：『凡为君者，敬畏胜怠忽，国必兴昌；怠忽胜敬畏，国必灭亡。公义胜私欲，事必顺从；私欲胜公义，事必逆凶。这个道理，只要在「敬、公」二字上做功夫，藏之何等简约，行之何等顺利，可以为子孙万世常守者，不外乎此矣。』武王敬而信之，遂融化这四句的意思，于是，凡那席上，几上，镜子上，洗面盆上，殿柱上，杖上，带履上，觞豆上，门窗上，剑、弓、矛、枪上，一一作为铭词。不但自家随处接目警心，要使子孙看见，也都世守而不忘焉。夫武王是个圣君，能屈尊老臣受戒，作为铭词，传之后世。周家历年八百，享国最为长久，非以其能守此道也哉？

拾叁

感谏勤政

周宣王

周史——

纪姜后贤而有德。王尝早卧而晏起，后乃脱簪珥待罪于永巷，使其傅母通言于王曰：『妾不才，致使君王失礼而晏朝，敢请罪。』王曰：『寡人不德，实自生过，非夫人之罪也。』遂勤于政事，早朝晏退，继文武之迹，成中兴之业，为周世宗。

周史上，记周宣王的后姜氏，贤而有德。宣王尝有时睡得太早，起得太迟，姜后恐他误了政事，要劝谏他，乃先自贬损，脱去头上的簪环，待罪于宫中长街上，使其保母传言于王，说道：『我无德，不能以礼事王，致使王耽于女色，溺于安逸，失早朝之礼，这是我的罪过，请王加我以罪。』王因此感悟说：『这是我自家怠惰，有此过失，非夫人（古时称后妃都叫作夫人）之罪也。』自此以后，宣王遂勤于政事，每日早起视朝，与群臣讲求治道，至晚方退。其致治之迹，是以上继他祖文王、武王，虽其父厉王时势渐衰弱，至此复能中兴。因宣王有这等功业，所以周家的庙号称他为世宗。

古者后妃夫人进御侍寝，皆有节度，每至昧旦，女史奏鸡鸣之诗，则夫人鸣佩玉于房中，起而告退，以礼自防，不淫于色，故能内销逸欲，以成其君勤政之美。鸡鸣之诗云：『虫飞薨薨，甘与子同梦。会且归矣，无庶予子憎。』言日将旦而百虫飞作，我岂不乐与子同寝而梦哉？但君臣候朝已久，君若不出，彼将散而归矣，岂不以我之故而使人并憎恶于子乎？姜后之进谏，古礼也。宣王中兴周业，盖得之内助为多。

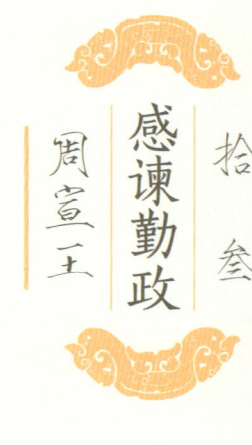

拾肆 入关约法

汉高帝

汉史——

纪高祖初为沛公，入关，召诸县父老豪杰谓曰：『父老苦秦苛法久矣！诽谤者族，偶语者弃市。吾当王关中，与父老约法三章耳：「杀人者死，伤人及盗抵罪。」余悉除去秦苛法。』又使人与秦吏行县乡邑告谕之。秦民大喜，争持牛羊酒食献享军士，惟恐沛公不为秦王。

西汉史上，记高帝初起兵伐秦，那时犹号为沛公，既破了峣关，到咸阳地方，因呼唤各县里年高的父老与那有本事的豪杰，都到面前慰劳之，说道：『秦君无道，法令烦苛，你百姓们被害久矣。但凡言时政的，他就说人诽谤，加以灭族之罪；两人做一处说话，他就说人有所谋为，加以弃市之刑。其暴虐如此。众诸侯有约：先入关破秦者，王之。今我先入关，当王关中，与你百姓们做主，今日就与父老相约，我的法度，只有三条：「惟是杀了人的，才着他偿命，若打伤人及为偷盗的，只各坐以应得的罪名，不加以死。」此外一切苛法，都革去不用。』又恐远处不能尽知，使人同着秦吏，遍行到各县乡邑中，将这意思都一一晓谕。那时百姓每被秦家害得苦了，一旦闻这言语，如拔之于水火之中，莫不欢喜踊跃，争持牛羊酒食，犒享沛公的军士，只恐怕沛公不做秦王。

此可见，抚之则后汉之所以兴也，虐之则旧秦之所以亡也。有天下者，当以宽仁为贵矣。

拾伍

任用三杰

汉高帝

汉史——

纪高帝置酒洛阳南宫，曰：『通侯诸将试言吾所以有天下者何？项氏之所以失天下者何？』高起、王陵对曰：『陛下使人攻城略地，因以与之，与天下同其利；项羽妒贤嫉能，战胜而不与人功，得地而不与人利，此其所以失天下也。』上曰：『公知其一，未知其二。夫运筹帷幄之中，决胜千里之外，吾不如子房；镇国家，抚百姓，给馈饷不绝，吾不如萧何；连百万之众，战必胜，攻必取，吾不如韩信。三者皆人杰，吾能用之，此所以取天下者也。项羽有一范增而不能用，此所以为我擒也。』群臣悦服。

西汉史上，记高帝既定天下，置酒宴群臣于洛阳之南宫，因问群臣说：『尔通侯诸将等，试说我所以得天下者何故？项羽所以失天下者何故？』高起、王陵二人齐对说：『陛下使人攻打城池，略取土地，既得了，就封那有功之人，与天下同其利，因此人人尽力战争，以图功赏，此陛下之所以得天下也；项羽则不然，妒贤嫉能，虽战胜而不录人之功，虽得地而不与人同利，因此人人怨之，不肯替他出力，此项羽之所以失天下也。』高帝说：『公等但知其一，未知其二。夫运筹策、定计谋于帷幄之中，而决胜于千里之外，这事我不如张子房；镇守国家，抚安百姓，供给军饷，不至乏绝，这事我不如萧何；统百万之兵，以战则必胜，以攻则必取，这事我不如韩信。张子房、萧何、韩信三人，都是人中的豪杰，我能一一信用他，得此三人之助，此所以取天下者也。项羽只有一个谋臣范增，而每事猜疑，不能信用，是无一人之助矣，此所以终被我擒获者也。』群臣闻高帝之说，无不欣悦敬服。

夫用人者恒有余，自用者恒不足。汉高祖之在当时，若论勇猛善战，地广兵强，不及项羽远甚，而终能胜之者，但以其能用人故耳。故智者为之谋，勇者尽其力，而天下归功焉。汉高祖自谓不如其臣，所以能驾驭一时之雄杰也。

拾陆

过鲁祀圣

汉高帝

汉史——

纪高帝击淮南王黥布，还（huán）过鲁，以太牢祀孔子。

西汉史上，记汉高帝因淮南王黥布谋反，自领兵征之，擒了黥（qíng）布，得胜回还，经过山东曲阜县，乃旧鲁国，是孔子所生的地方，有孔子的坟墓，高帝具太牢牲礼，亲拜祭之。夫孔子殁后，战国之君皆不知尊信其道，及秦始皇又焚烧其书。高帝以天子之尊，方用兵征伐之际，就知崇儒垂道，且用太牢，与社稷宗庙的祭礼一样。后世人君尊重孔子，实自高帝始。其好尚正大如此，宜其为一代创业之君也。

拾柒

却千里马

汉文帝

汉史——纪文帝时，有献千里马者，帝曰：『鸾旗在前，属车在后，吉行五十里，师行三十里。朕乘千里马，独先安之？』下诏不受。

西汉史上，记文帝时，有人进一匹马，一日能行千里。文帝说道：『天子行幸，有鸾旗导引于前，有属车拥护于后；或巡狩而吉行，一日不过五十里而止；或征伐而师行，一日不过三十里而止。朕骑着这千里马，独自个先往何处去？』于是下诏拒而不受，还着那进马的人牵回去了。

夫千里马，是良马也。文帝以为非天子所宜用，尚且不受，况其他珠玉宝贝、珍禽奇兽、不切于人生日用者，又岂足以动其心乎？书曰：『不作无益害有益，功乃成；不贵异物贱用物，民乃足。』正文帝之谓也。

拾捌

止辇受言

汉文帝

汉史——

纪文帝每朝，郎从官上书疏，未尝不止辇受言。言不可用者，置之；可用，采之。未尝不称善。

西汉史上，记文帝每出视朝，但有郎、从等官上书陈言者，虽正遇行路之时，亦必驻了辇，听受其言。纵使所言没有道理，不可用，但置之不行而已，亦不加谴责；如其言有益于生民，有补于治道，则必亟加采择，次第行之。又每每称道其所言之善，盖不但采取而已。

尝闻人君之德，莫贵于听言。自秦禁偶语，天下以言为讳矣，是以底于灭亡而不悟也。观文帝之虚怀听纳如此，虽大舜之明目达聪、成汤之从谏弗咈（fú），亦何让焉！

拾玖

纳谏赐金

汉文帝

汉史——

纪文帝从霸陵上，欲西驰下峻阪，中郎将袁盎骑并车，揽辔。上曰：『将军怯耶？』盎曰：『臣闻圣主不乘危，不侥幸。今陛下骋六飞驰下峻阪，有如马惊车败，陛下纵自轻，奈高庙、太后何？』上乃止。又从幸上林，奏却慎夫人坐。上说，赐盎金五十斤。

西汉史上，记文帝到霸陵上面，过西边，欲驰车下高峻的坡阪，有随驾的中郎将，姓袁名盎，骑着马傍车而行，急忙挽住了车辔，不肯驰骤。文帝说：『将军莫非胆气怯耶？何乃惧怕如此？』袁盎说：『臣闻明圣之主，不图侥幸而免，知此身所系甚重也。今陛下驾六马之车，驰骋而下峻阪，就是无事，亦乘危而幸免耳。倘或马惊车败，卒有不测之变，悔将何及？陛下纵然自轻其身，其如高祖之付托、太后之属望何？』帝听其言，停车不下。后袁盎又随文帝往上林，帝有个宠爱的慎夫人，与皇后同席而坐，袁盎以为非礼，奏使慎夫人退却。文帝喜其屡进忠言，赐他金五十斤。

夫人臣进谏，只要其君免于危险，无有过失，非图赏也。今文帝既听其言，又加重赏如此，盖深知其言之有益，且欲以劝他人之直言耳。从善之意，何其切哉！

贰拾 不用利口

汉文帝

西汉史上，记文帝一日游幸上林苑，登养虎的虎圈，因问上林苑管簿籍的官说：『这苑中各样的禽兽，有多少数目？』这官人一时答应不来。有个管虎圈的啬夫，在旁边替那官人一一答应，甚是详悉。文帝喜他，遂诏侍臣张释之，说：『这啬夫有才能，可就着他做上林苑令。』释之对说：『如今朝中如周勃、张相如，这两个人是有德的长者，能任朝廷大事，然其言事皆说不出口。盖有德的人，自然器宇深沉，言语简当，岂学这啬夫喋喋然用快利之口、便捷以辩给哉？今若因啬夫口辩，就超迁他，恐天下闻此风声而靡然仿效，都只学舌辩能言，不务诚实，则风俗薄而人心离矣。』文帝以张释之所言当理，遂止，不用啬夫。

观此一事，则用人者不当，但取其言；而文帝从谏之善，亦于此可见矣。宜其为汉朝一代之贤君也。

汉史——

纪文帝登虎圈，问上林尉诸禽兽簿，尉不能对。虎圈啬夫从旁代尉对，甚悉。帝诏张释之，拜啬夫为上林令。释之曰：『周勃、张相如称长者，两人言事曾不出口，岂效此啬夫喋喋利口捷给哉？今以啬夫口辩而超迁之，恐天下随风而靡，争为口辩而无实也。』帝曰：『善！』

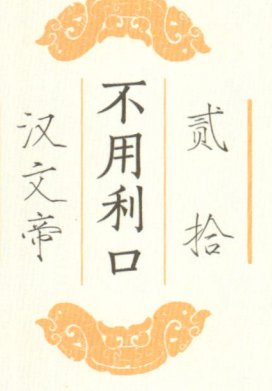

贰拾壹

露台惜费

汉文帝

汉史——纪文帝尝欲作露台，召匠计之，值百金。上曰：『百金，中人十家之产也。吾奉先帝宫室，常恐羞之，何以台为？』

西汉史上，记文帝尝欲在骊山上造一露顶高台，使工匠计算所费几何，工匠计算说：『该用百金。』文帝说：『百金之资产，若以民间中等的人家计之，可够十户人家的产业。今筑了一个台，就破费了十家的产业，岂不可惜！且我承继着先帝的宫室，不为不广，常恐自己无德，玷辱了先帝，又岂可糜费民财，而为此无益之工作乎？』于是停止露台之工，复不兴造。

夫文帝富有四海，况当承平无事之时，财用有余，然百金之微，犹且爱惜，不肯轻费如此。虽尧、舜之土阶，大禹之卑宫，何以过之哉！大抵人主爱民之心重，则自奉之念轻。夫以一台之工，遂至费百姓十家之产，若如秦皇之阿房，骊山，宋徽之龙江、艮岳，其所费又不知其几千万家矣。穷万民之财，以供一己之欲，一旦民穷盗起，社稷丘墟，虽有台池鸟兽，岂能独乐哉？后世人主，诚当以汉文帝为法，毋以小小营建为费少，而遂恣意为之也。

贰拾贰 遣幸谢相

汉文帝

汉史——

纪文帝以申徒嘉为丞相，时邓通爱幸无比。嘉尝入朝，通居上旁，怠慢，嘉曰：『陛下爱幸群臣，即富贵之，至于朝廷之礼，不可不肃。』罢朝，嘉坐府中，为檄召通，不来，且斩通。通恐，入言上。上曰：『汝第往。』通诣丞相，免冠，徒跣（xiǎn），顿首谢。嘉责曰：『通小臣戏殿上，大不敬，当斩。』语令更斩之。通顿首出血，不解。上使使持节召通而谢丞相，嘉乃解。通还见上，流涕曰：『丞相几杀臣。』

西汉史上，记文帝以申徒嘉为丞相，嘉为人正直，文帝甚重之。此时有个郎官叫作邓通，得幸于文帝，宠爱无比。嘉尝入朝，见邓通在文帝旁边，狎恃恩宠，有怠慢之状，嘉即奏说：『陛下爱幸群臣，只好赏赐他财物，使之富贵足矣。至于朝廷上的礼仪，则不可不严肃。』及罢朝，回坐于丞相府中，写文书去提邓通，说道：『他若抗拒不来，便当处斩。』邓通恐惧，求救于文帝。文帝知丞相所执者是朝廷之礼，邓通委的有罪，就着他去见丞相。通到了府中，取了冠，跣足，顿首谢罪。申徒嘉责他说：『朝廷乃礼法所在，你一个小臣敢狎戏于殿上，犯了大不敬，论罪当斩。』因使吏拿出斩之。通叩头谢罪，至于出血，嘉怒犹不解。文帝料邓通已在丞相处陪话知罪了，乃使人持节召通，而致谢丞相，申徒嘉乃遣之。邓通回去，到文帝面前流涕说道：『丞相几乎杀了臣。』

夫文帝宠幸邓通，致敢于怠慢，其始固不能无过。然申徒嘉正言直论，而帝略不偏护，即遣令就罪，使大臣得申其法，而嬖幸不敢狎恩。非圣君而能若是哉？

屈尊劳将

贰拾叁

屈尊劳将

汉文帝

汉史——

纪文帝时，匈奴大入边，使刘礼屯霸上，徐厉屯棘门，周亚夫屯细柳，以备胡。上自劳军细柳，先驱至，不得入。曰：『天子且至。』军门都尉曰：『军中闻将军令，不闻天子诏。』上乃使使节诏将军曰：『吾欲入营劳军。』亚夫乃传言开壁门。壁门军士曰：『将军约，军中不得驱驰。』于是天子乃按辔徐行。至中营，亚夫持兵揖曰：『介胄之士不拜，请以军礼见。』上改容式车，使人称谢，成礼而去。曰：『嗟乎！此真将军矣！向者霸上、棘门如儿戏耳，其将固可袭而虏也。至于亚夫，可得而犯邪！』

西汉史上，记文帝时，北匈奴入边为寇。帝拜刘礼、徐厉、周亚夫三人俱为将军，各领兵出京，分布防守。刘礼屯霸上，徐厉屯于棘门，亚夫屯于细柳。文帝亲自到各营抚劳将士。初到霸上、棘门二营，车驾径入，没些阻挡。末后往细柳营，导驾的前队已到营门，被军士阻住不得入，与他说：『圣驾就到，可速开营门。』那军门都尉对说：『我军中只知有将军的号令，不知有天子的诏旨。』少间，文帝的驾到了，还不开门。文帝乃使人持节召亚夫说：『朕要进营劳军。』亚夫才传令开营门接驾。临进门时，守门军士又奏说：『将军有令，军中不许驰驱车马。』文帝乃按住车辔，徐徐而行。到中军营，亚夫出迎，手执着兵器，只鞠躬作揖，说道：『甲胄在身，不敢跪拜，臣请以军礼相见。』文帝听说，悚然改容，俯身式车，使人传旨致谢亚夫，说：『皇帝敬劳将军。』成礼乃去。文帝出营门，叹美亚夫说道：『这才是真正的将军！恰才见霸上、棘门二营，那样疏略，如儿戏一般。万一有乘虚劫营之事，其将固可掩袭而掠也。至如亚夫这等纪律，可得而轻犯邪！』

尝考古者人君命将，亲推其毂，授之以钺，曰：『阃以外，将军主之，不从中制也。』盖将权不重，则军令不严，士不用命，故穰苴戮齐王之嬖臣，孙武斩吴王之宠姬，而后能使其众，以成大功。观周亚夫之纪律严明，诚为一时名将，然非文帝之圣明，重其权而优其礼，则亚夫将求免罪过之不暇，况望其能折冲而御侮哉！后世人君御将，宜以文帝为法。

贰拾肆

蒲轮征贤

汉武帝

汉史——纪武帝雅向儒术，以赵绾为御史大夫、王臧为郎中令。二人荐其师申公。上使使者奉安车蒲轮、束帛加璧以迎之。既至，以为太中大夫，舍鲁邸。上问以治道，对曰：『为政不在多言，顾力行何如耳。』

西汉史上，记武帝素喜好儒者的学术，因举用当时名儒，以赵绾为御史大夫、王臧为郎中令。赵绾、王臧又荐举他老师申公，说他的学问更高。武帝闻说，即遣使去征聘他。又闻申公年老，恐其途中受劳，因驾一辆安车去迎接申公；又用蒲草裹了车轮，使其行路软和，坐得自在；又用币帛一束，加上玉璧，以为聘礼。申公感武帝这等尽礼，遂随聘到京。武帝授以太中大夫之职，安置在鲁王府里居住。问他治天下的道理何如？申公对说：『为治也不在多言，只是着实行将去便好。』

盖议论多，则心智惑。与其托之空言，不若见诸行事之为有益也。夫天下之治乱，系贤人之去留，是以古之明君，以屈己下贤为盛事，而亲枉万乘，以尽礼于衡门、韦布之贱者，往往有之。汉兴以来，虽不逮古，而武帝此举，犹庶几古人之意。至于申公力行一言，则又治天下之要道也。

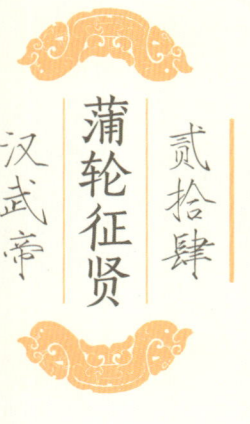

贰拾伍

明辨诈书

汉昭帝

汉史——纪昭帝时，盖长公主、左将军上官桀及其子安及桑弘羊等，诈令人为燕王旦上书，言大将军霍光擅调幕府下校尉，专权自恣。书奏帝，留中。明旦光闻之，不入。有诏召大将军，光入，免冠顿首。上曰：『将军冠，朕知是书诈也。将军调校尉未十日，燕王何以知之？』是时，帝年十四。尚书左右皆惊，而上书者果亡。后桀党有谮光者，上怒曰：『大将军忠臣，先帝所属以辅朕身，敢有毁者，坐之！』桀等乃不敢复言。

西汉史上，记昭帝年幼登极，大将军霍光受遗诏辅政。那时盖长公主、左将军上官桀与其子上官安及桑弘羊等，各以私恨霍光；而燕王旦以帝兄不得立为天子，亦怀怨恨。于是，上官桀等欺昭帝年小，设谋要排陷霍光，教人假充作燕王的人，上本劾奏霍光，说他擅自更调幕府校尉，加添人数，专权自恣，图为不轨。昭帝览奏，留中不下。霍光闻之，待罪于外，不敢入朝。帝使人召光入，光见帝，取了冠帽，叩头谢罪。昭帝说：『将军戴起冠，朕知这本是假的，将军调校尉还未满十日，燕王离京数千里，他怎么便就得知？可见是诈。』那时，昭帝年才十四岁。左右之人，见帝这等明察，莫不相顾惊骇。那上书的人，果然涉虚逃走。以后上官桀的党类，又有谮毁霍光者，昭帝即发怒说：『大将军是个忠臣，先帝因朕年幼，托他辅朕，再有言者，即坐以重罪！』自是桀等惧怕，不敢复言。而霍光辅相昭帝，竟为贤主。

若使上官桀等之谗得行，则霍光之祸固不待言，而汉家宗社亦危矣！於戏（wūhū）！托孤寄命，岂易事哉？

贰拾陆

褒奖守令

汉宣帝

汉史——

纪宣帝时，极重守、令。尝以为太守吏民之本，数（shuò）变易则下不安；民知其将久，不可欺罔，乃服从其教化。故二千石有治理效，辄以玺书勉励，增秩赐金，或爵至关内侯。公卿缺，则选诸所表，以次用之。是故汉世良吏于是为盛，称中兴焉。

西汉史上，记宣帝选用官员，极重那知府、知县两样官，尝说道：『各府太守，最是亲民之官，第一要紧。若是到任不久，就转迁去，百姓便不得蒙其恩惠，且迎新送旧，徒见劳扰。必须做得年久，然后民情土俗、百姓甘苦，他都知道，施些恩惠，行些政事，也都晓得头脑。那百姓也欺哄不得，自然顺从他的教化。』所以宣帝时做守相，食二千石俸的，都要久任。若是历任未久，就有功劳，也只降敕书奖励，或就彼加升官级，或赏赐金帛，或赐以关内侯的爵级，仍照旧管事。到做的年岁深了，遇三公九卿有缺，即把向前旌表的好太守不次擢用，如黄霸以颍川太守入为太子傅，赵广汉以颍川太守入为京兆尹。宣帝之留心守、令如此，所以那时做官的，人人勤勉，好官甚多，而天下太平，中兴之美，后世鲜及焉。

夫官惟久任，则上下相安，既便于民；日久超擢，则官不淹滞，亦便于官。此用人保民之善法也。后来科目太繁，额数日增；升转之期，计日可俟；席不暇暖，辄已他迁。视其官如传舍，视百姓如路人而已，其何以治天下哉？

詔儒講經

贰拾柒

诏儒讲经

汉宣帝

汉史——纪宣帝时，诏诸儒讲五经同异，萧望之等平奏其议，上亲称制临决焉。乃立梁丘易、大小夏侯尚书、穀梁春秋博士。

西汉史上，记宣帝好文，见得五经所言，都是修身治天下的大道理。自经秦人烧毁一番，到今表彰之后，虽已渐次寻出，但诸儒传授互有异同，不得归一；而诸家传注，亦且各以为是，无一定之说。因此，诏诸儒臣讲究五经异同，如经文有不同的，便要见谁是真传、谁是错误；传注有不同的，便要见某人说的与经旨相合、某人说的与经旨相悖。又命萧望之等评论他每讲究的谁是谁非，奏闻于上，上亲称制临视，而裁决其可否。这五经中，定以先儒梁丘贺传授的易经，夏侯胜、夏侯建传授的尚书，穀梁淑传授的春秋，为真当。于是将这三经各立博士之官，着他教习弟子，以广其传。其诗礼二经，盖先已有定论，故不述也。

自宣帝以来，五经如日中天，传之万世，为治天下者准则，其功亦大矣。

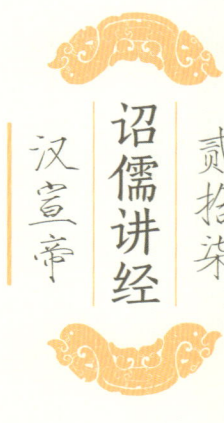

贰拾捌

葺槛旌直

汉成帝

汉史——

纪成帝时，张禹党护王氏。故槐里令朱云上书求见。公卿在前，云曰：『臣愿赐尚方斩马剑，断佞臣一人头，以励其余。』上问：『谁也？』对曰：『安昌侯张禹。』上大怒曰：『小臣廷辱师傅，罪死不赦。』御史将云下，云攀殿槛，槛断。云呼曰：『臣得从龙逢、比干游于地下足矣！未知圣朝何如耳？』左将军辛庆忌免冠叩头力救，上意解，得已。及后当治槛，上曰：『勿易，因而葺之，以旌直臣。』

西汉史上，记成帝时，外戚王氏专权乱政。安昌侯张禹，原授成帝经，成帝以师礼待之。禹为人有经学，但其性柔佞，又年老，要保全名位，因见王氏威权盛，遂党护之，其误国不忠之罪大矣。那时有原任槐里县令朱云，为人刚直，恶张禹如此，乃上书求见天子言事。公卿都侍立在前，朱云上前直说：『愿赐尚方斩马剑与臣，斩一个佞臣的头，以儆其余。』成帝问：『佞臣是谁？』朱云对说：『是安昌侯张禹。』成帝大怒说：『小臣敢当大廷中辱我师傅，其罪该死，不可赦宥。』御史遂拿朱云下殿去，朱云攀扯殿前栏杆，死不肯放。御史拿急，遂将栏杆扯断了。朱云乃大呼说：『昔桀杀关龙逢、纣杀王子比干，臣今以直谏被戮，得从二臣游于地下，为忠义之鬼，其愿足矣。但惜圣朝为奸佞所误，不知后来变故何如耳？』朝班中有左将军辛庆忌，取去冠帽叩头说：『此臣素称狂直，宜赐优容。』于是成帝怒解，朱云才得免死。到后来修理栏杆，成帝说：『此栏杆不必改换新的，只把这折处葺补，留个遗迹，使人知道是朱云所折，以旌表直言之臣。』

夫国家不幸有奸佞弄权，邪佞小人又从而阿附之，相与壅蔽人主之聪明，所赖忠义之士，发愤直言，以阴折其气而消其党，苟加之罪，则天下莫敢忤权奸，而人主益孤立于上矣。成帝既悟朱云之直，遂宥其死，且留槛以旌之，盖亦有见于此，可谓有人君之度者，故史臣纪而称之。

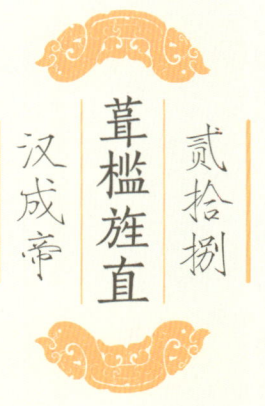

贰拾玖

宾礼故人

汉光武

汉史——纪光武少与严光同学，及即位，思其贤，令以物色访之。有一男子披羊裘，钓齐泽中，帝疑其光，乃备安车玄纁，遣使聘之，三反而后至。车驾即日幸其馆，光卧不起，帝抚光腹曰：『咄咄子陵，不可相助为理耶？』光张目熟视曰：『昔唐尧著德，巢父洗耳，士故有志，何至相迫乎？』帝叹息而去。复引光入，论旧故，相对累日。因共偃卧，光以足加帝腹，明日太史奏，客星犯帝座甚急，帝笑曰：『朕与故人严子陵共卧尔。』

东汉史上，记光武少时曾与处士严光同学读书，到后来光武即帝位，严光逃匿不肯见，光武思念他贤，使人按他的模样去各处访求。闻说有一男子披着羊裘钓鱼于齐国之泽中，光武知是严光，乃备安车及玄纁币帛遣使者聘请之，三次往返，然后肯来。到京师，光武车驾即日亲到他下处看他，严光睡着不起。光武直到他床前，以手抚摩其腹，称他的字说：『咄咄子陵，不可扶助我为治耶？』严光张目看着光武说道：『古时唐尧为天子，著德于天下，隐士巢父独临水洗耳，不闻世事，尧也相容，不逼他做官，士人各有志愿，我既不愿出仕，何苦相逼迫乎？』光武知其不可屈，叹息而去。又复引严光入禁中，与他论说往年故旧之情，相对累日，因与他共睡。严光不觉以足加在光武腹上，其忘分如此。明日灵台官奏说，昨夜有一客星犯帝座星甚急，光武笑说：『这非干变异，乃朕与故人严子陵共睡耳。』

光武既帝天下，则严光乃草野中之一民耳，光武只为他是贤士，又是故人，遂加三聘之礼，亲屈万乘之尊，任其张目疾言而不以为傲，容其加足于腹而不以为侮，殷勤款曲，不复知有崇卑之分，此其盛德含容为何如哉！所以先儒说光武之量，包乎天地之外，非过美矣。后来东汉二百年，人心风俗，皆以节义相高，是光武之尊贤下士，有以感发而兴起之也。

叁拾

拒关赐布

汉光武

汉史——

纪光武尝出猎，车驾夜还，上东门侯郅(zhì)恽(yùn)，拒关不开。上令从者见面于门间，恽曰：『火明辽远。』遂不受诏。上乃回，从东中门入。明日，恽上书谏曰：『陛下远猎山林，夜以继昼，如社稷宗庙何？』书奏，赐恽布百匹，贬东门侯为参封尉。

东汉史上，记光武皇帝一日曾出去打猎，偶至夜深方回。那时城门已闭，光武至上东门，有个守门官姓郅名恽，闭门不开，不放车驾入。光武道他不认得，着左右随从的人，见面于门间，使他识认。郅恽对说：『这等夜深，火光辽远，怎么辨得真伪？』终不开门。光武不得已，转从东中门进入回宫。至次日早，郅恽又上书谏说：『陛下以万乘之尊，远猎山林，昼日不足，以夜继之，陛下纵自轻，其如社稷宗庙付托之重何，臣诚未见其可也。』书奏，光武深嘉其言，赐布百匹，反将中东门的门官降为参封县尉，以其启闭不严，故贬之。

盖皇城门禁最宜严谨，深夜启闭，疑有非常。况天子以万乘之尊，出入尤当戒备，故郅恽之闭关不纳。他岂不认得是光武，盖欲因此以示儆耳。光武是创业之主，素谨周身之防，故于郅恽，不惟不罪，且加赏焉。若如后世寻常之见，则中东门侯必以顺意蒙赏，而郅恽必以忤旨见罪矣。

叁拾壹 夜分讲经 汉光武

汉史——

纪光武数引公卿郎将，讲论经理，夜分乃寐。皇太子见帝勤劳不怠，乘间谏曰：『陛下有禹、汤之明，而失黄老养性之福，愿颐养精神，优游自宁。』帝曰：『我自乐此，不为疲也。』

东汉史上，记光武皇帝退朝之后，常常引公卿及郎将之有经学者，与之讲论经书中的义理，至于夜半，方去歇息。皇太子见帝讲论劳苦，恐过用了精神，乘空进谏说：『陛下励精图治，固有大禹、成汤之明，而形神过劳，昧于黄帝、老子养性之福，愿颐养爱恤此身之精神，使常优游自宁，不可过于劳役。』光武说：『经书中义趣深长，我只见得这件事可乐，故常与群臣讲论，不为疲倦也。』

盖治天下之道，具于经书；而天下之可乐，莫如务学。光武虽以征伐中兴，然非讲明治道，则虽有天下，未易守也。惟光武有见于此，而急于讲求，故能身致太平，而遗东汉二百年之业，其得于经理之助多矣。

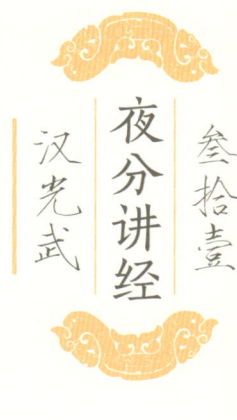

叁拾贰 赏强项令

汉光武

汉史——

纪光武时董宣为雒阳令，湖阳公主苍头杀人，匿主家。及主出，以奴骖乘，宣驻车叩马，以刀划地，大言数主之失，叱奴下车，格杀之。主还诉帝，帝大怒召宣，欲棰之，宣叩头曰：『陛下圣德中兴，而纵奴杀人，将何以治天下乎？臣不须棰，请自杀。』即以头击楹，帝令人持之，使宣叩头谢主，宣不从，强使顿之，宣两手据地，终不肯俯。帝敕强项令出，赐钱三十万。京师莫不震栗。

东汉史上，记光武时，有姓董名宣者，做在京雒阳县令，帝姊湖阳公主，有家人白日杀人，藏躲在公主家里，官府拿他不得。一日公主出行，此奴在公主车上，董宣于路拦着公主的车，叩着马不放过去，以刀划地，大言数说公主的过失，喝奴下车，亲手击杀之。公主即时还宫，告诉光武，光武大怒，拿得董宣来要打杀他，宣叩头说：『陛下圣德中兴，当以法度治天下，若纵奴杀人，不使偿命，是无法度也。家奴犯法，尚不能治，将何以治天下乎？臣不须棰杖，请自杀便了。』即以头撞柱。光武见他说得有理，令人持定他，不要他撞柱，只着他与公主叩头谢罪，就饶他，宣不肯从。光武强使人将头按下，宣只两手撑定，强直了项，终不肯叩头。光武见他耿直，反因此喜他，传旨着这强项令且出，又赐钱三十万以奖励之。于是京师内外，莫不震栗，无敢倚恃豪强，以犯法者。

书曰：『世禄之家，鲜克由礼。』岂其性与人殊哉！良以习见富势之为尊，不知国法之可畏。而奴仆庄佃之人，倚强使势，生事害人，亦有其主不及知者。若不因事裁抑，示以至公，使之知儆，至于骄盈纵肆，身陷刑宪，则朝廷虽欲从宽，亦不可得矣。光武之嘉赏董宣，意盖以此。故终光武明章之世，贵戚妃主之家，皆知守礼奉法，保其禄位，岂非以贻谋之善哉！

叁拾叁

临雍拜老

汉明帝

汉史——纪明帝幸辟雍，初行养老礼，以李躬为三老，桓荣为五更。礼毕，引桓荣及弟子升堂，上自为辩说，诸儒执经问难于前。冠带搢绅之人，圜桥门而观听者，盖亿万计。

东汉史上，记明帝初登极时，幸辟雍，行古养老之礼。辟雍，即是今之国子监。古来养老，有三老五更的名色。三老，是年高有德的；五更，是更历世事的。明帝举行古礼，以其贤臣李躬为三老，以其师傅桓荣为五更。行礼既毕，乃引桓荣等，及辟雍中的生徒弟子，进入堂上，亲与他讲解经义。诸弟子亦手执经书，向帝坐前，问所疑难。其时冠带搢绅之人，罗列在辟雍桥门外，观礼听讲者，有亿万多人。其崇尚教化，而感动人心如此。

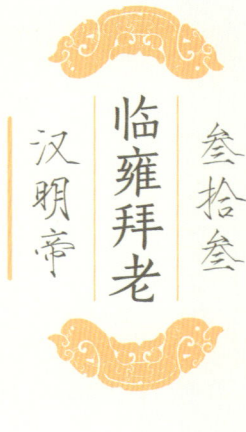

叁拾肆 爱惜郎官

汉明帝

汉史——

纪明帝时，馆陶公主为子求郎。帝不许，而赐钱千万，谓群臣曰：『郎官上应列宿，出宰百里。苟非其人，民受其殃，是以难之。』

爱惜郎官

东汉史上，记明帝的姊馆陶公主，在明帝面前乞恩，要将她的儿子除授郎官，明帝不许，以公主的分上，不好直拒，乃赏赐他铜钱一千万，以见厚他的意思。公主退后，明帝向群臣说：『天上有个郎位星，可见这郎官之职，上应列宿，出去为宰，管着百里地方，责任匪轻，岂是容易做的！必得其人，方可授之！若错用了一个不才的人，叫那百姓每都受他的害，岂我为民父母之意哉！今公主之子，贤否未知，我所以不肯容易许之也。』

夫朝廷设官分职，本以为民，不是可以做人情滥与人的。明帝于馆陶公主之子，宁可以千万钱赐之以益其富，不肯轻授一职以遗害于民，诚得圣王重官爵，惜名器之意，史称当时『吏称其官，民安其业』，有由然哉！

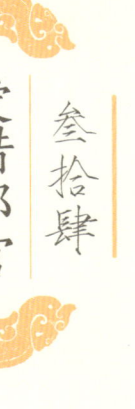

叁拾伍

君臣鱼水

汉昭烈帝

三国史——

纪诸葛亮隐于襄阳隆中，有王霸大略，刘先主闻其名，亲驾顾之，凡三往，乃得见。亮因说先主以拒曹操、取荆州、据巴蜀之策。先主深纳其言，情好日密，关羽、张飞不悦，先主解之曰：『孤之有孔明，犹鱼之有水也，愿诸君勿复言。』

三国史上，记诸葛亮初隐居于襄阳之隆中地方，有兴王定霸的才略，不肯出仕，人称他为卧龙。蜀先主刘备闻其名，乃亲自枉驾去见他，凡去三次，才得相见。亮以道自重，本不求仕进，见先王屈尊重道，诚意恳切如此，心怀感激，遂委质为臣。因说先主以拒曹操、取荆州、据巴蜀的计策，先主以这计策甚善，深纳其言，与他相处，情好日益亲密。当时先主有两个结义的兄弟，叫作关羽、张飞，见先主一旦与亮这等亲密，心中不喜。先主劝解说：『孤之有孔明（孔明是亮的字），如鱼之有水一般。鱼非水，无以遂其生；我非孔明，无以成帝业。诸君既与我同心要兴复汉室，不可不亲厚此人也，愿诸君勿再以为言。』

夫先主信任孔明，虽平日极相厚如关、张，亦离间他不得如此，故孔明得展其才，结吴、拒魏、取蜀，当汉祚衰微之时，成三分鼎立之势，其后又于白帝托孤辅佐后主。观其前后出师二表，千古之下，读之使人垂涕。盖其心，诚感激先主之恩遇，故鞠躬尽瘁而不辞也。后世称君臣之间相亲相信者，必以鱼水为比，盖本诸此云。

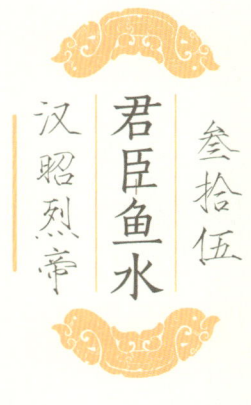

叁拾陆

焚裘示俭

晋武帝

晋史——

纪武帝时，太医司马程据献雉头裘，命焚之于殿前，诏中外，自今毋献奇技异服。

晋史上，记武帝初即位时，有太医司马程据者，以雉头羽毛，织成裘袄来献。帝见其过于华丽，恐长奢靡之风，命人以火焚之于殿前，以示己之不贵异物，不尚服饰也。又诏中外，自今以后，再不许将奇异技巧之物，及华美异样的衣服来献。

盖人主之好尚，乃天下观法所系，不可不慎也。晋武禅位之初，承魏氏，奢侈之后，欲矫以节俭，故不焚于他所，而焚于殿前，要令众庶共见之耳。然其意不出于至诚，故未久即变，孽后乱政，五王僭侈，而晋室南迁矣。孟子说：『恭俭岂可以声音笑貌为哉！』正此之谓也。

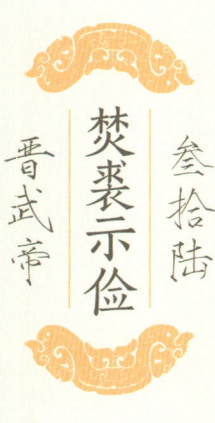

叁拾柒

留衲戒奢

宋高祖

宋史——纪高祖微时，尝自于新洲伐荻，有衲布衫袄，臧皇后手所作也。既贵，以付其长女会稽公主曰：『后世有骄奢不节者，可以此衣示之。』

六朝宋史上，记高祖刘裕起初微贱时，其家甚贫，常亲自在新洲上砍斫芦荻，那时穿一件碎补的衲袄，乃其妻皇后臧氏亲手缝成的。及高祖登了帝位，思想平生受了许多艰苦，创下基业，恐子孙不知，不能保守，乃将这衲袄付与他的长女会稽公主收藏，嘱咐他说：『后来我的子孙，若有骄恣奢侈，不知节俭的，你可把这衣与他看，使他知我平素曾穿这等衣服，不得过求华美也。』

大抵创业之君，亲历艰苦，知民间衣食之难，爱惜撙节，人又瞒他不得，是以取于民者有制，而用常有余。后来子孙，生长富贵，若非聪明特达者，易流于奢靡，轻用财帛；而人又欺瞒得他，冒破侵克，取于民者日多，而用反不足，至于横征暴敛，民穷盗起，危其国家。此宋高祖示戒之意也。继体之君，若能取法祖宗，自服御之近，以至一应费用，必考求创业时旧规。要见当初每年进出几多，后来每年进出几多。在前为，何有余；后来为，何不足？把那日渐加增之费，一一革去，则财用自然充积，赋敛可以简省。民皆安生乐业，爱戴其上，而太平可长保矣。

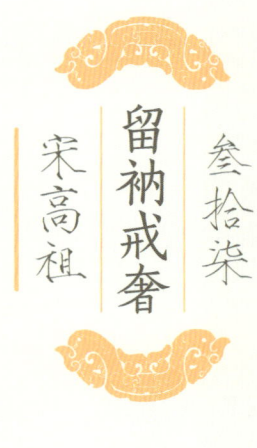

叁拾捌

弘文开馆

唐太宗

唐史——

纪太宗于弘文殿聚四部书，二十余万卷，置弘文馆于殿侧，精选天下文学之士虞世南、褚亮、姚思廉、欧阳询、蔡允恭、萧德言等，以本官兼学士，令更日宿直，听朝之隙，引入内殿，讲论前言往行，商确政事，或至夜分乃罢。

唐史上，记太宗于弘文殿内，聚经、史、子、集书四部，有二十余万卷，又于殿旁开设一馆，就叫作弘文馆，精选天下文学之士虞世南、褚亮、姚思廉、欧阳询、蔡允恭、萧德言等，各以原官兼弘文馆学士，处之馆中，还教他轮番宿直。每朝罢，便引世南等到内殿，与他讲论那书中的言语、古人的行事，或商量那时的政事该何如处，常至夜半才罢。

夫太宗以武定天下而好文如此，盖戡乱用武，致治以文，太宗有见于此，故能身致太平，而为一代之英主也。

叁拾玖

上书黏壁

唐太宗

唐史——

纪太宗谓裴寂曰：『比多上书言事者，朕皆黏之屋壁，得出入省览，数思治道，或深夜方寝。公辈亦当恪勤职业，副朕此意。』

唐史上，记太宗一日向司空裴寂说道：『近日以来，上书奏事者，条件甚多，朕将各衙门条陈的章奏，取其言之当理者，都黏在墙壁上，庶一出一入，常接于目，便于朝夕省览。每思天下至大，治之甚难，如何才有利于民，如何才不病于国，思想起来，至不能寐，或到深夜时分才去安歇。此朕一念不敢怠荒之心也。公等为国大臣，分理庶政，亦当夙夜罔懈，恪供职事，以副朕惓惓图治之意可也。』

昔孔子说：『为君难，为臣不易。』古语说：『尧兢兢，舜业业。』夫以天下之广，兆民之众，若非为君者忧勤惕厉，主治于上，为臣者竭忠尽力分治于下，欲求治平，岂可得哉！观唐太宗告裴寂之言，即虞庭君臣交相儆戒之意也，其致贞观太平之盛也，宜哉！

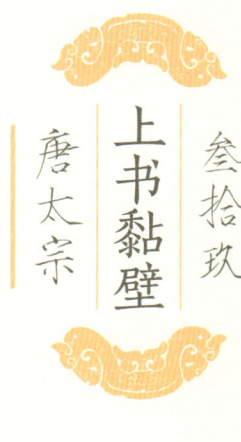

肆拾 纳箴赐帛

唐太宗

唐史——

纪太宗即位，张蕴古上大宝箴，其略曰：『今来古往，俯察仰观，惟辟作福，为君实难。圣人受命，拯溺亨屯（zhūn），归罪于己，因心于民。大明无私照，至公无私亲，故以一人治天下，不以天下奉一人。勿谓无知，居高听卑，勿谓何害，积小就大。乐不可极，乐极生哀，欲不可纵，纵欲成灾。壮九重于内，所居不过容膝，彼昏不知，瑶其台而琼其室，罗八珍于前，所食不过适口，惟狂罔念，邱其糟而池其酒。勿内荒于色，勿外荒于禽，勿贵难得货，勿听亡国音，勿谓我尊而傲贤慢士，勿谓我智而拒谏矜己。安彼反侧，如春阳秋露，巍巍荡荡，恢汉高大度。抚兹庶事，如履薄临深，战战栗栗，用周文小心。诗云：「不识不知。」书曰：「无偏无党。」众弃而后加刑，众悦而后行赏。勿浑浑而浊，勿皎皎而清，勿汶汶而暗，勿察察而明。虽冕旒蔽日，而视于未形；虽黈纩（tǒu kuàng）塞耳，而听于无声。』上嘉之，赐以束帛，除大理丞。

唐史上，记太宗初登极时，有一书记官张蕴古上大宝箴一篇。大宝是人君所居的宝位，箴是儆戒之辞，人臣不敢直说是箴规天子，故以大宝名箴。这箴中的言语，字字真切，句句有味，从之则为尧舜，反之则为桀纣。人君尊临大宝，须把这段说话常在目，做个箴规，方可以长保此位，所以名『大宝箴』。太宗深以蕴古之言为善，赐他束帛，升他做大理寺丞。

观太宗纳善之速如此，其所以为唐之令主而成贞观之治者，盖得于是箴为多。

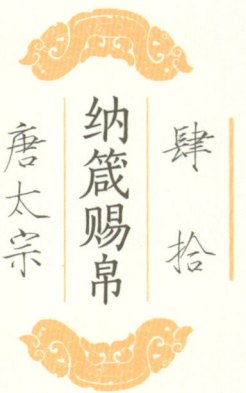

肆拾壹 纵鹊毁巢

唐太宗

唐史——

纪太宗时，尝有白鹊构巢于寝殿之上，合欢如腰鼓，左右称贺。上曰：『我常笑隋帝，好祥瑞，瑞在得贤，此何足贺。』命毁其巢，纵鹊于野外。

唐史上，记太宗时，尝有白鹊结窝于寝殿之上，其巢两个合而为一，有合欢之形，又两头大，中腰小，恰似那乐器中腰鼓的模样。左右侍臣都说道：『凡物相并，则不能相容。今两鹊为巢，合而为一，形状殊常，实为希有，此盖天地和气所钟，主上圣德所感，理当称贺。』太宗说：『不然。昔隋帝不好贤人，而好祥瑞，至于亡国，我尝笑他。以我看来，只是得贤臣、理政事、安百姓，使天下太平，这才是真正的祥瑞。至于珍禽奇兽，不过一物之异耳，何足为瑞而称贺哉！』遂令人毁其窝巢，而纵放白鹊于野外。

夫天地之间草木鸟兽，形质间有殊异者，皆气化偶然，不足为奇。人主不察，遂以为瑞，于是小人乘机献谄，取悦于上，至有以孔雀为鸾凤而诬上行私者矣。人主好尚，可不谨哉！唐太宗『纵鹊毁巢』，诚为超世之见，而瑞在得贤，尤万世人君之龟鉴也。

敬賢懷鷂

肆拾贰 敬贤怀鹞

唐太宗

唐史——

纪太宗尝得佳鹞，自臂之，望见魏徵来，匿怀中。徵奏事故久不已，鹞竟死怀中。

唐史上，记太宗一日得个极好的鹞子，心上喜爱，亲自在臂膊上架着。魏徵平日好直言极谏，太宗尝敬惮他，当架着鹞子的时节，恰好魏徵走来奏事。太宗恐怕他看见，将鹞子藏在自己怀里。魏徵晓得太宗怀着鹞子，故意只管奏事不止。那鹞子藏的时候久了，毕竟死于怀中。

夫太宗尊为天子，偶有臂鹞之失，见了正直的臣，便惭沮掩蔽，如害怕的一般。盖他本是个英明之主，自知所为的非礼，故深以为歉，宁坏了所爱的物而不恤也。臂鹞，是他差处；匿于怀中，是他明处。

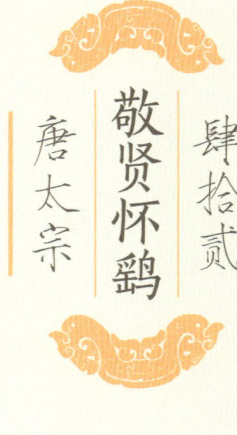

肆拾叁

览图禁杖

唐太宗

唐史——纪太宗览明堂针灸图：『人五脏之系，咸附于背。』诏自今毋得笞囚背。

唐史上，记太宗一日看明堂针灸书，这书是医家针灸治病的方法，内有个图形，说人腹中心、肝、脾、肺、肾五脏的系统，皆附贴于脊背。太宗观览此图，思想起来，打人脊背，则五脏震动，或致伤命。遂下诏，令天下问刑衙门，自今以后不许笞杖罪囚的脊背。

盖五刑各有差等，而笞罪为轻。彼罪当处死者，固自有应得之条矣；而于轻罪者复笞其背，使或至于死，诚为不可。太宗天资仁恕，耳目所接，无一不念在生民，故一览医方，而不忍之心遂萌。此诏一出，民之免毙杖下者，不知其几矣。传称太宗以宽仁治天下，而于刑法尤谨，信哉！

肆拾肆

主明臣直

唐太宗

唐史——

纪太宗尝罢朝，怒曰：『会须杀此田舍翁。』后问为谁，上曰：『魏徵每廷辱我。』后退，具朝服，曰：『妾闻主明臣直，今魏徵直，由陛下之明故也，妾敢不贺？』上乃悦。

唐史上，记太宗曾一日朝罢还宫，忽发怒说：『少间定要杀了这个田舍翁。』时长孙皇后问说：『陛下要杀谁？』太宗说：『是魏徵，此人不知忌讳，每每当着众臣僚，攻我的过失，羞辱我，我十分忍受不得，所以要杀他。』长孙皇后贤德，知道魏徵是个忠臣，乃退去，穿了朝贺的袍服，来对太宗说：『妾闻古人云：「上有明哲之君，则下有鲠直之臣。」今魏徵之直言不阿，由陛下之圣明，能优容之故也。君明臣直，乃千载难逢，国家盛事，妾敢不称贺？』太宗闻皇后之言，其心乃悦。

尝考自古创业守成之令主，虽圣明天挺，然亦有内助焉。观长孙皇后之于唐太宗，虽夏之涂山，周之太姒，无以过之矣。太宗外有忠臣，内有贤后，天下安得不太平？

肆拾伍 纵囚归狱

唐太宗

唐史——

纪太宗亲录系囚，见应死者悯之，纵使归家，期以来秋就死。仍敕天下死囚皆纵遣，至期来诣京师。至是九月，去岁所纵天下死囚，凡三百九十人，无人督帅，皆如期自诣朝堂，无一人亡匿者，上皆赦之。

唐史上，记太宗尝亲自审录罪囚，见那该死的囚犯，心里怜悯，不忍杀他，都放他回家，看父母妻子，限到明年秋间，着他自来就死。因此又敕令法司，将天下死囚也都暂放还家，亦限至明年秋里自来赴京。及至次年秋间，前时所放的罪囚，共三百九十人，都感太宗不杀之恩，不要人催督帅领，个个都照依期限，齐到朝堂，听候处决，没一个逃亡隐匿下的。太宗见这些囚犯依期就死，终不忍杀，尽皆赦之。

夫死者人之所甚惧，而犯死之人，必天下之恶人也。人君一施恩德，遂能感激至此，使其死且不避，则人之易感者可知，而凡可报君之德者，必无所不用其情矣。然则，人君之治天下，其必以恩德为务哉。

肆拾陆

望陵毁观

唐太宗

唐史——

纪太宗葬文德皇后于昭陵，上念后不已，乃于苑中作层观（guān），以望昭陵。尝引魏徵同登，使视之。徵熟视之曰：『臣昏眊，不能见。』上指示之，徵曰：『臣以为陛下望献陵；若昭陵，则臣固见之矣。』上泣，为之毁观。

唐史上，记太宗贞观十年，皇后长孙氏崩，谥为文德皇后，葬于昭陵。太宗因后有贤德，思念不已，乃于禁苑中起一极高的台观，时常登之以望昭陵，以释其思念之意。一日引宰相魏徵同登这层观，使他观看昭陵。魏徵思太宗此举欠当，他的父皇高祖葬于献陵，未闻哀慕，今乃思念皇后不已，至于作台观以望之，是厚于后而薄于父也。欲进规谏，不就明言，先故意仔细观看良久，对说：『臣年老眼目昏花，看不能见。』太宗因指昭陵所在，教徵看，魏徵乃对说：『臣只道陛下思慕太上皇，故作为此观以望献陵。若是皇后的昭陵，臣早已看见了。』太宗一闻魏徵说起父皇，心里感动，不觉泣下，自知举动差错，遂命拆毁此观，不复登焉。

太宗本是英明之君，事高祖素尽孝道，偶有此一事之失，赖有直臣魏徵能婉曲以进善言，太宗即时感悟，改过不吝，真盛德事也。

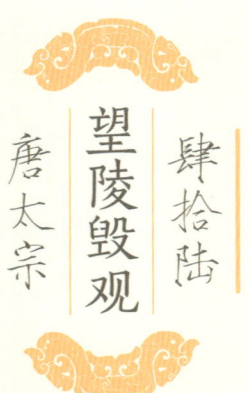

撤殿营居

肆拾柒

撤殿营居

唐太宗

唐史——

纪太宗以魏徵宅无堂，命辍小殿之材以构之，五日而成，仍赐以素、屏、褥、几、杖等，以遂其所尚。徵上表谢，上手诏曰：『处卿至此，盖为黎元与国家，何事过谢。』

唐史上，记太宗时的大臣，只有个魏徵能尽忠直谏，太宗也极敬重他。一日闻魏徵所住的私宅，只有旁屋，没有厅堂。那时正要盖一所小殿，材料已具，遂命撤去，与魏徵起盖厅堂，只五日就完成了。又以徵性好俭朴，复赐以素、屏、褥、几、杖等物，以遂所好尚。徵上表称谢，太宗手诏答曰：『朕待卿至此，盖为社稷与百姓计，何过谢焉。』

夫以君之于臣，有能听其言，行其道，而不能致敬尽礼者，则失之薄；亦有待之厚，礼之隆，而不能谏行言听者，则失之虚。又有赏赐及于匪人，而无益于黎元国家者，则失之滥，而人不以为重矣。今观太宗之所以待魏徵者，可谓情与文之兼至，固宜徵之尽忠图报，而史书之以为美谈也。

肆拾捌

面斥佞臣

唐太宗

唐史——

纪太宗尝止树下，爱之，宇文士及从而誉之不已。太宗正色曰：『魏徵尝劝我远佞人，我不知佞人是谁，意疑是汝，今果不谬。』士及叩头谢。

面斥佞臣

唐史上，记太宗一日退朝之暇，曾闲行到一树下，见其枝叶茂盛，心颇爱之。是时宇文士及在旁，要阿奉太宗的意思，就将那株树称誉不止。太宗觉得士及是个便佞的人，心里厌他，因正色面斥之，说道：『往日魏徵劝我斥远佞人，我不知今朝中那（nǎ）一个是佞人，但心里也疑是你。自今观之，一树之微，何足称誉，其曲意承顺如此，所谓佞人，非汝而谁？平日所疑，果不谬也。』士及惶恐叩头谢罪。

尝观孔子有言曰『恶利口之覆邦家』，又曰『远佞人』。盖便佞之人，专一窥伺人主的意思，巧于奉承，哄得人主心里喜悦，就颠倒是非，变乱黑白，贼害忠良，报复仇怨，如费无忌、江充之伦，把人家君臣父子都离间了，终至于骨肉相残，国家倾败而后已。是以圣人深以为戒，如饮鸩毒，如避蛇蝎，不敢近他。如唐太宗之面斥宇文士及，可谓正矣。然终不能屏而远之，则亦岂得为刚明之主哉？然佞人亦难识，但看他平日肯直言忠谏的，就是正人；好阿谀奉承的，就是佞人。以此辨之，自不差矣。

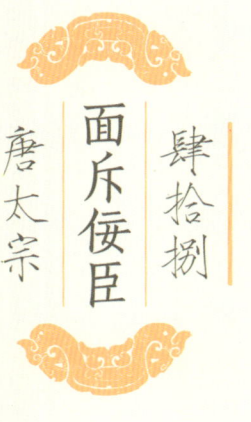

肆拾玖

剪须和药

唐太宗

唐史——

纪太宗时，李世勣尝得暴疾，方云须灰可疗。上剪须为之和药，世勣顿首出血泣谢。上曰：『朕为社稷，非为卿也，何谢之有？』

唐史上，记太宗时，有功臣李世勣得个暴病，医方上说用人须烧灰，可治此病。太宗只要世勣的病好，遂将自己的须剪与他和药。世勣病愈，感帝之恩，叩头出血，涕泣而谢。太宗说：『朕赖卿以安社稷，卿安则社稷安矣，朕剪须以治卿病，乃是为社稷计，不为卿一人之私也，何谢之有？』

孟子曰：『君之视臣如手足，则臣视君如腹心。』太宗忧世勣之病，至亲剪其须以疗之，诚不啻若手足之爱矣，为之臣者安得不竭忠尽力，奋死以图报哉！

伍拾 遇物教储

唐太宗

唐史——

纪太宗自立太子，遇物则诲之。见其饭则曰：『汝知稼穑之艰难，则常有斯饭矣。』见其乘马则曰：『汝知其劳而不竭其力，则常得乘之矣。』见其乘舟则曰：『水所以载舟，亦所以覆舟。民犹水也，君犹舟也。』见其息于木下，则曰：『木从绳则正，后从谏则圣。』

唐史上，记太宗自立晋王为太子，凡遇一物一事，必委曲诲谕之，以启发他的意志。如见太子进膳，就教之说：『农夫终岁勤苦，耕耘收获，种得谷成，方有此饭。汝若用饭之时，即念稼穑艰难，此饭不容易得，推此心去体恤农夫，节省用度，则上天必监汝有惜福之智，而多降天禄，使汝常得用此饭矣。』如见太子乘马，就教之说：『马虽畜类，亦具知觉之性，所当爱惜。汝若乘马之时，即念此马之劳，驰驱有节，不尽其力，则上天必监汝有爱物之仁，而贵畀万乘，使汝常得乘此马矣。』如见太子乘舟，就教之说：『水本以载舟，故舟藉水以运，然而水亦能覆舟，则舟不可倚水为安。那百姓每就譬之水一般，为君上的譬之舟一般。君有恩德及民，则民莫不戴之为君；若是暴虐不恤百姓，则人亦将视之为寇仇而怨叛之。譬之于水，虽能载舟，亦能覆舟，不可不惧也。』如见太子息阴于木下，就教之说：『木生来未免有弯曲处，惟经匠氏绳墨，则斫削得端正，可为宫室器物之用。人君生长深宫，未能周知天下之务，岂能件件不差，惟虚心听从那辅弼谏诤之臣，则智虑日明，历练日熟，遂能遍知广览而成圣人矣。这是书经上的说话，不可不知也。』

唐太宗之教诲太子，用心谆切如此。盖太子乃天下之本，欲成就其德，惟在教诲周详。所以唐太宗特加意于此，其深谋远虑，真可为万世法矣。

伍拾壹 遣归方士 唐太宗

唐史——

纪太宗时，天竺方士娑婆寐，自言有长生之术，上颇信之，发使诣婆罗门诸国采药，药竟不就，乃放还。高宗即位，复诣长安，上复遣归。谓宰相曰：『自古安有神仙，秦始皇、汉武帝求之，卒无所成。果有不死之人，今皆安在？』李勣对曰：『此人再来，容发衰白，已改于前，何能长生？』竟未及行而死。

唐史上，记太宗时，西域天竺国有个方外的道士，叫作娑婆寐，自己说他有长生不老的药方。太宗初信其言，发人去往婆罗门诸国采取药物，着他制药，竟不能成，乃遣他还归本国。及至高宗即位，这方士又到京师，以其方术见上，高宗不纳，仍复遣还。因与宰相说道：『自古生必有死，神仙之说都是虚诞，昔时秦始皇、汉武帝为求神仙，费了一生心力，到底没一些效验。若使世界果有长生不老之人，今皆何在？』李勣对曰：『此人这一番来，容貌衰老，发尽皓白，与前次不同；他若有仙方，何不自家服食延年？而衰老如此，其妄诞可知矣。』后果不及还家而死。

由此观之，神仙之说，原是谄谀之人干求恩宠，见得天子之富贵已极，无足以动其意者，惟有长生一事，不可必得，遂托为渺茫玄远之说，以歆动人主之意。是以秦皇求仙药者，有徐福辈，入海不返；为汉武求仙方者，有栾大等，无功被诛。即此二事，可为明验。然惟清心寡欲，节慎于饮食起居之间，自可以完固精神，增益年寿。如五帝三王，享国长久，垂名万世，不亦美乎？

伍拾贰

焚锦销金

唐玄宗

唐史——

纪玄宗以风俗奢靡，制：『乘舆服御、金银器玩，令有司销毁，以供军国之用；其珠玉、锦绣，焚于殿前。后妃以下，皆毋得服珠玉锦绣，天下更毋得采珠玉、织锦绣等物，罢两京织锦坊。』

唐史上，记玄宗初年，因见当时风俗奢侈华靡，心甚恶之，欲痛革其弊。乃诏凡上用服御器玩系是金银装饰打造的，令有司尽行销毁，却将这金银就充朝廷军国的费用。其内府所积珠玉锦绣，都取在殿前用火烧了，以示不用。又以后宫不先禁止，外面人未免效尤，乃诏后妃以下，勿得用珠玉锦绣为服饰。又诏天下官民人等，再不许采取珠玉织造锦绣等物。两京旧日，有织锦坊，也命撤去了，不复织造。

盖珠玉锦绣，徒取观美，其实是无益之物。人君喜好一萌，必至征求四方，劳民伤财，无所不至。又且天下化之，习尚奢侈，渐至民穷财尽，贻害不小。玄宗初年刻励节俭如此，所以开元之治，大有可观，到后来还不免以奢取败。可见靡丽之物，容易溺人，而人主持志不可不坚也。

伍拾叁 委任贤相

唐玄宗

唐史——

纪玄宗初即位，励精为治，以姚元之为相，每事访之，元之应答如响，同僚皆唯诺而已，故上专委任之。元之尝奏请序进郎吏，上仰视殿屋，再三言之，终不应，元之惧，趋出。罢朝，高力士谏曰：『陛下新总万机，宰臣奏事，当面加可否，奈何一不省察？』上曰：『朕任元之以庶政，大事当奏闻共议，郎吏卑秩，乃以烦朕耶？』会力士宣事至省中，为元之道上语，元之乃喜，闻者皆服上识人君之体。

唐史上，记玄宗即位之初，励精图治，知道姚元之是个贤臣，以他为宰相，每事必访问他。元之素有才能，练达政事，随问随答，如响之应声，同僚官皆不能及，但从后唯诺而已。于是玄宗专意委任之。一日元之面奏，请以次序升转郎官，玄宗不答应他，只仰面看着殿屋；元之又再三奏请，玄宗终不答应，元之只说玄宗怪他，恐有得罪，不敢再奏，趋走而出。及朝罢，内侍高力士谏说：『陛下新总万机，宰相奏事，宜面定可否，何故只仰看殿屋，通不礼他？』玄宗说：『我将国家的事，都付托与元之，委任至重，惟大事当奏闻，我与他商议。今郎吏小官，也来一一奏请，岂不烦黩耶？』这是玄宗专任宰相的意思，元之却不知，心怀疑惧，适遇高力士以传奉旨意事到中书省中，将玄宗的言语，备悉说与元之。元之心上才喜，群臣闻之，都说玄宗不亲细事，而委任贤相，得为君之体也。

然人主须是真知宰相之贤，乃可以委任责成，不劳而治。若不择其人，而轻授以用舍之柄，将至于威权下移，奸邪得志，其为害又岂浅也哉？故帝王之德，莫大于知人，而治乱之机，惟视其所任，人主不可不慎也！

伍拾肆

兄弟友爱

唐玄宗

唐史——

纪玄宗素友爱，初即位，为长枕大被，与兄弟共寝，饮食起居，相与同之。薛王业有疾，上亲为煮药，火燃上须，左右惊救之，上曰：『但使王饮此药愈，须何足惜？』

唐史上，记玄宗与他兄弟诸王，极相友爱，到做了天子，也不改变。初登宝位，即制为长枕大被，与诸兄弟一处宿歇；饮食行坐，都不相离。少弟薛王名业，曾染疾病，玄宗自己替他煎药，炉内火被风吹起来，烧着玄宗的须，左右惊慌上前救之。玄宗说：『但愿薛王服药，病得痊可，我之须何足惜？』其友爱之切如此。

夫兄本是同胞所生，故大舜待弟，亲之欲其贵，爱之欲其富，至于一忧一喜，莫不与共。玄宗身为天子，能这等于友爱，亦可谓贤君矣。

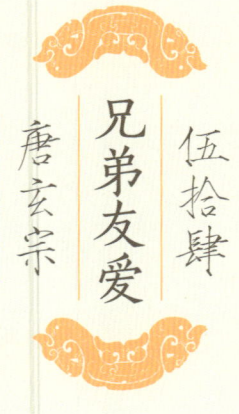

伍拾伍 召试县令

唐玄宗

唐史——

纪玄宗悉召新除县令至殿庭，试理人策。惟韦济词理第一，擢为醴泉令。余二百人不第，且令之官；四十五人放归学问。又敕京官五品以上、外官刺史，各举县令一人，视其政善恶，为举者赏罚。

唐史上，记玄宗以县令系亲民之官，县令不好，则一方之人皆受其害，故常加意此官。是时有吏部新选的县令二百余人，玄宗都召至殿前，亲自出题考试，问他以治民之策。那县令所对的策，惟有韦济词理都好，取居第一，拔为京畿醴泉县令；其余二百人，文不中第，考居中等，姑令赴任，以观其政绩何如。又四十五人，考居下等，放回原籍学问，以其不堪作令，恐为民害也。又敕令在京五品以上官，及外面的刺史，各举他所知的好县令一人，奏闻于上，既用之后，遂考察那县令的贤否，以为举主的赏罚。所举的贤，与之同赏；所举的不肖，与之同罚。所以，那时县令多是称职，而百姓皆受其惠，以成开元之治。

今之知县，即是古之县令，欲天下治安，不可不慎重此官也。

伍拾陆

听谏散鸟

唐玄宗

唐史——

纪玄宗尝遣人诣江南，取鸡鹊、鸂鶒（chì）等欲置苑中，所至烦扰。汴州刺史倪若水上言：『今农桑方急，而罗捕禽鸟，陆水转送，道路观者，岂不以陛下为贱人而贵鸟乎？』玄宗手敕谢之，纵散其鸟。

唐史上，记玄宗尝遣使臣往江南地方，采取鸡鹊、鸂鶒等水鸟，畜养于苑中，以恣观玩。时使臣所到的去处，百姓每不胜扰害。有汴州刺史倪若水上书谏说：『如今江南百姓衣食不足，饥寒过半，方务农采桑，以耕织为急。而朝廷之上，乃使之罗捕禽鸟，水陆转运，远至京师，负累小民，骚扰地方。那路上人看见的，岂不说陛下轻视民命、重视禽鸟，为贱人而贵鸟乎？何故为此不急之务，好此无益之物，以亏损圣德也！』玄宗一闻若水之言，深合于心，即发手敕一道谢之。因纵散其鸟，不复采捕。

尝闻召公之训武王曰：『不贵异物贱用物，民乃足。』又曰：『珍禽奇兽，不育于国。』人主之好尚，不可不审也。玄宗爱鸟，近于禽荒，一闻若水之言，即命散之，可谓从谏如流矣。然不但禽鸟一事，但凡人主喜好那一件物，即为地方之害。盖官吏奉承，指一科十，半入公家，半充私橐，甚至严刑峻罚，催督苛扰，百姓每至于鬻儿卖女，倾家荡产，其害不可胜言哉！惟人主清心寡欲，一无所好，只着百姓每纳他本等的赋税，则黎元皆得休息，天下自然太平矣！

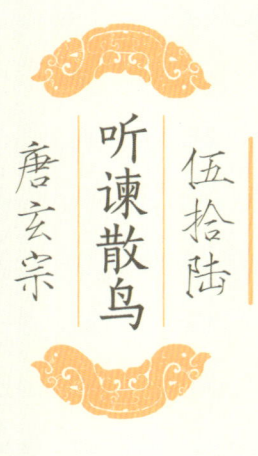

伍拾柒

啖饼惜福

唐玄宗

唐史——

纪肃宗为太子，尝侍膳。有羊臂臑（nào），上顾太子使割，肃宗既割，余污漫刃，以饼洁之。上熟视不怿，肃宗徐举饼啖之。上大悦，谓太子曰：『福当如是爱惜。』

啖餅惜福

唐史上，记肃宗为太子时，曾在宫中亲侍他父皇玄宗进膳，盖问安侍膳，乃太子之礼也。那席间有一块羊臂臑，玄宗欲食之，顾视肃宗，着他亲自割切。肃宗承命，就用刀割切了，因刀刃上有些羊脂污漫，取一块饼，将刀揩得洁净。玄宗见饼乃食物，而以之拭刀为可惜，注目看着他，有不悦之色。肃宗从容举起那饼，放在口中吃了，不敢抛弃。玄宗方才大喜，遂对肃宗说道：『凡人福禄有限，应当如此爱惜。』

大抵自天子以至庶人，福分虽有大小，然皆以撙节爱惜而得长久，暴殄糜费，必致短促。譬之井泉，徐徐吸取，则其来无穷，用之不尽；若顿行打汲，则顷刻之间，立见其干竭矣。所以自古圣贤之君，虽尊居九重，富有四海，而常服浣濯之衣，不食珍奇之味，减省服御，爱养民力，故得寿命延长，国祚绵远。彼齐后主、隋炀帝之流，竭万民之膏血，以供一人之欲，如恐不足，一旦福穷禄尽，身丧国亡，岂不可悲也哉？唐玄宗『惜福』二字，诚万世人主之龟鉴也。

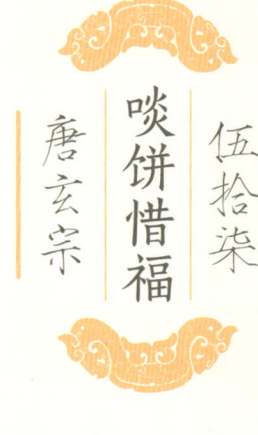

伍拾捌 烧梨联句

唐肃宗

唐史——

纪肃宗召处士李泌于衡山，至，舍之内庭。尝夜坐地炉，烧二梨以赐李泌，颍王恃宠固求，上不许，曰：『汝饱食肉，先生绝粒，何争耶？』时诸王请联句，颍王曰：『先生年几许，颜色似童儿。』信王曰：『夜枕九仙骨，朝披一品衣。』一王曰：『不食千钟粟，惟餐两颗梨。』上曰：『天生此间气，助我化无为。』后肃宗恢复两京，泌之策为多。至德宗时拜相，时人方之张子房。

烧梨聯句

唐史上，记处士李泌有道行，隐居嵩山，曾侍肃宗于东宫；及肃宗即位，遣人各处求访，得之于衡山。既到，待以宾友之礼，就着他在内殿居住，便于咨访。曾一寒夜，肃宗坐地炉，自烧两个梨以赐李泌。颍王年幼，倚着肃宗宠爱，要这烧的梨吃。肃宗不肯与他，说道：『你终日饱食肉味，先生休粮绝粒，不吃烟火食，故我以此梨赐之，如何来争？』颍王乃止。此时诸王因请联诗以赠李泌，颍王先倡一联云：『先生年几许，颜色似童儿。』说李泌年纪多少，而颜色美好，只如童子一般，此美其有道养形，异于常人也。信王接一联云：『夜枕九仙骨，朝披一品衣。』说李泌夜间则枕九仙的骨睡着，昼则穿一品极贵的衣服。此美其以隐逸而兼尊贵也。有一王又接一联云：『不食千钟粟，惟餐两颗梨。』说李泌固辞相位，不肯受千钟俸禄，惟今夜二梨之赐则受而食之。此美其高尚之志也。于是肃宗凑成末联云：『天生此间气，助我化无为。』说李泌非是凡人，乃上天间气所生，以助我成无为之化也。其后肃宗收复两京，平『安史之乱』，李泌之谋策居多。至德宗时为宰相，功业尤著。时人把他比汉时张子房，为神仙宰相也。

夫李泌一山人尔，而肃宗乃呼为先生，称为间气，至烧梨以赐之，此所谓以天子而友匹夫者也。

伍拾玖 不受贡献

唐宪宗

唐史——

纪宪宗初即位，昇平公主献女口。上曰：『上皇不受献，朕何敢违！』遂却之。荆南献毛龟，诏曰：『朕永思理本，所宝惟贤，至如嘉禾、神芝、珍禽奇兽，皆虚美尔，所以春秋不书祥瑞。自今勿复以闻，其有珍奇，亦毋得进。』

唐史上，记宪宗初即帝位，昇平公主献妇女五十人进宫答应。宪宗说道：『我父皇在时，不受人的贡献，朕何敢违其教！』遂却而不受。又荆南地方献两个绿毛龟，宪宗又下诏书却之，说道：『朕长思治道之本，惟贤人为可宝，取其能安国家，利百姓也。至如嘉禾、灵芝、珍禽奇兽，徒为耳目观美，都是无用之物，何足宝乎？所以孔子作春秋之书，并不曾记一件祥瑞，正以其无益也。自今以后，天下有司，再勿以祥瑞奏闻；其有珍禽奇兽，如毛龟之类者，亦不许进献。』

盖天下之物，恒聚于所好，而声色、祥瑞、珍奇三件，尤人情所易溺者。人主一有所好，则邪佞小人遂得以乘其隙而投之，欲端一开，辟之堤防溃决，不可复塞，终至于心志蛊惑，政事荒怠，亡身复国而不悟，可悲也哉！今宪宗即位之初，即能一切拒绝如此，其高识远志，诚超出乎寻常万万矣！

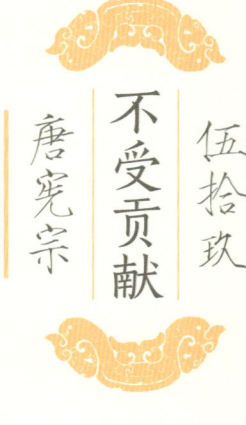

陆拾 遣使赈恤

唐宪宗

唐史——

纪宪宗四年，南方旱饥，命左司郎中郑敬等，为江淮、两浙、荆湖、襄鄂等道宣慰使，赈恤之。将行，上戒之曰：『朕宫中用帛一匹，皆籍其数，惟周救百姓，则不计费。卿辈宜识此意，勿效潘孟阳饮酒游山而已。』

唐史上，记宪宗四年，南方大旱，百姓饥荒。宪宗命左司郎中郑敬等为江淮、两浙、荆湖、襄鄂等处各道宣慰使之官，分头去赈济饥民。郑敬等奉命将行，辞朝。宪宗戒谕他说：『朕于宫中用度，虽一帛之微，必登记其数，惟恐浪费，独于周济百姓，则不计所费。虽多弗惜，盖以民命为重，必使百姓受惠，而库藏盈缩，所以不暇计也。卿等此行，宜体朕此意，凡所至饥荒之处，务要量其轻重，备查户口，逐一散给，必使百姓们个个都沾实惠才好。若前此所遣潘孟阳，出去只饮酒游山，而以赈济委之他人，全不体朝廷爱民之意，深负委托，卿等切勿效之。』

盖国依于民，而民依于食，使民有饥荒，而不为赈恤，则死者固多，而民心亦离散矣，将何以为国乎？宪宗有见于此，故薄于自奉，而厚于恤民，可谓知用财之道，得保邦之本矣，宜其为有唐之令主也欤！

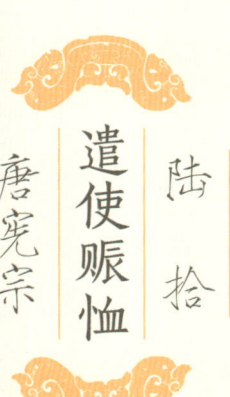

陆拾壹

延英忘倦

唐宪宗

唐史——

纪宪宗尝与宰相论治道于延英殿，日旰（gàn）暑甚，汗透御服，宰相恐上体倦，求退。上留之，曰：『朕入宫中，所与处者，独宫人近侍耳，故乐与卿等且共谈为理之要，殊不知倦也。』

唐史上，记宪宗励精图治，尝与宰相讲论治天下的道理于延英殿，直到日暮，尚未还宫，天气又甚暑热，汗透了上所穿的袍服，宰相李绛、裴度恐上御体劳倦，因求退出。宪宗留之，说道：『朕回到宫中，所与相处者，不过是宫女及左右近侍耳，安得对贤士、闻正言，所以每日喜与卿等且共谈论为治的要务，甚是有益，不知疲倦也。』

夫人君一日之中间，事有万几，须是常常接见贤臣，从容讲论，方得停当。所以尧舜之时，君臣一体，都俞吁咈于一堂之上；文王自朝至于日中昃，不遑暇食，万世称为圣明之君。今观宪宗之勤政如此，亦可谓知君道者，宜其能削平僭乱，所向归服，有光于前烈也。

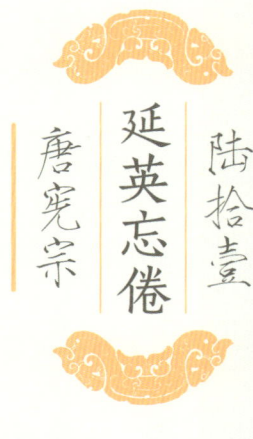

陆拾贰

淮蔡成功

唐宪宗

唐史——

纪吴元济反淮西，宪宗命发兵讨之。是时诸道节度使及宰相李逢吉，皆与元济交通，多请罢兵，惟裴度力主讨贼之议。上曰：『吾用度一人，足破此贼。』遂以度为相。师累岁无功，度请自诣行营，上许之。度陛辞，言曰：『臣若灭贼，则朝天有期；贼在，则归阙无日。』上为之流涕，解通天御带以赐之。度至淮西，身自督战，由是诸将效力。李愬夜袭蔡州，擒元济，淮西遂平。韩愈奉诏撰平淮西碑曰：『凡此蔡功，惟断乃成。』

淮蔡成功

唐史上，记淮西节度使吴元济造反，宪宗命将发兵，去征剿他。当时诸道节度使，多有元济的党羽；朝中宰相李逢吉，也与元济交通，多替他游说，奏请罢兵。惟有御史中丞裴度，晓得淮西决然可取，力劝宪宗讨贼。宪宗说：『我只消用裴度一人，就足以破此贼，决不罢兵。』遂用裴度做宰相。讨贼甚急，出兵已经二年，还未见成功。裴度自愿亲往淮西营里督战，宪宗大喜，就命他充淮西宣慰招讨使。裴度临行辞朝，面奏说：『臣此去若能灭贼，才有回来朝见之期；若此贼不灭，臣义在必死，终无归阙之日矣！』宪宗听说，不觉为他流涕，因解自家束的通天犀带一条赐他，以宠其行。裴度既到淮西，宣谕朝廷的威令，催诸将进兵讨贼。于是，诸将人人效力，每战有功，遂擒元济。

淮西用兵，凡累年而不克，群臣请罢兵者甚众。若非宪宗之明，独断于上；裴度之忠，力赞于下，则淮西几无成功矣。所以，韩愈奉诏撰平淮西碑纪功，其词有云：『凡此蔡功，惟断乃成。』盖美宪宗之能断而成功也。然则人君欲定大事、建大功，岂可以不断哉！

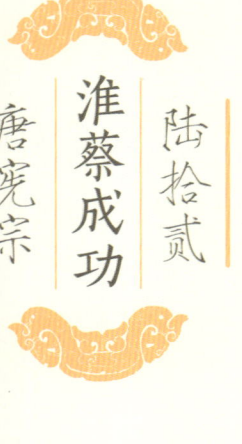

陆拾叁

论字知谏

唐穆宗

唐史——

纪穆宗见翰林学士柳公权书，独爱之，问曰：『卿书何能如是之善？』对曰：『用笔在心，心正则笔正。』上默然改容，知其以笔谏也。

唐史上，记穆宗性好写字，见翰林学士柳公权写的字好，爱之，问说：『卿写的如何能这等好？』公权对说：『写字虽在手，用笔实在心；心里端正，则笔画自然端正。』公权是个贤臣，因穆宗问他书法，就说在心上，见得凡事都从心里做出来。况人君一心，万化本源，若不是涵养得十分纯正，发出来的政事，岂能一一停当合理？这正是以笔讽谏。穆宗是个聪明之君，就知他是以笔谏。闻之，默然改容起敬，可谓善悟矣！

若能体贴此言，真真实实务正其心，常用着柳公权这样人做辅弼之臣，少有阙失，随事箴规，岂不成一代之明君乎？

陆拾肆 屏书政要

唐宣宗

屏書政要

唐史——
纪宣宗尝以太宗所撰金镜录，授翰林学士令狐绹，使读之，至『乱未尝不任不肖，治未尝不任忠贤』，上止之，曰：『凡求致太平，当以此言为首。』又书贞观政要于屏风，每正色拱手而读之。

唐史上，记宣宗有志法祖图治，他的祖——太宗，曾将前代治乱兴亡的事迹，编成一书，叫作金镜录。宣宗一日将这部书授与翰林学士令狐绹，着他在面前诵读。这书中有两句说道：『乱未尝不任不肖，治未尝不任忠贤。』说古来天下因什么就乱亡，只为朝廷错任用了那不好的人，他心心念念罔上行私，行的都是蠹国殃民的事。用了这样人，天下安得不乱？天下因什么就平治，只为朝廷能任用着那忠良之臣，他心心念念竭忠事主，行的都是要富国利民的事。若常用这样人，天下安得不治？宣宗听得令狐绹读到这两句言语，喜其切中事理，就止住他且莫读，说道：『大凡人君要求致太平，须要把这两句说话做第一件紧关的事，着实审察，辨别其孰为君子，孰为小人。果然是奸邪的小人，就当斥远了他；果然是忠贤的君子，就当专心信任他。天下岂有不太平的道理？』又见他先朝有贞观政要一书，是当年史臣吴兢编载太宗与贤臣魏徵等图治的事迹，遂把来写在屏风上，常时正色拱手，一一诵读，盖以为师法而效仿之也。

夫观宣宗留心法祖图治，其切如此，真近代帝王盛事！所以当时称为小太宗，岂虚也哉！

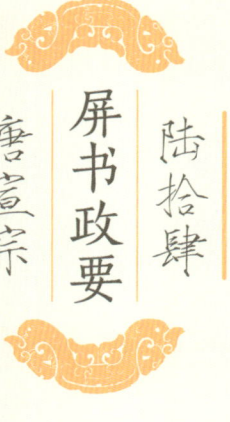

陆拾伍

焚香读疏

唐宣宗

唐史——

纪宣宗乐闻规谏。凡谏官论事，门下封驳，苟合于理，常屈意从之。得大臣章疏，必焚香盥（guàn）手而读。

唐史上，记宣宗励精求治，乐闻臣下箴规谏诤之言。凡谏官议论政事，及门下省给事中等官，遇诏敕之出，以为不可而论驳封还者；苟所论所驳有合于理，则自己虽以为是，亦每屈己意以从之，未尝偏执。每得大臣所奏的章疏，必焚香洗手，致其诚敬，而后展读。

夫忠言逆耳，庸主所不乐闻。然使规谏尝闻，则政事无缺，实可乐也。宣宗乐于闻谏，屈己从人，可谓明矣！至于大臣，涉历既多，虑事尤熟，又非庶官之比，故读其章疏，必加诚敬。盖诚敬，则精神收敛；精神收敛，则意见精详，可以察其言之当否，以为施用非徒敬其章疏而已也。宣宗图治若此，故大中之政，人思咏之，以为继美太宗，岂不足为贤君哉！

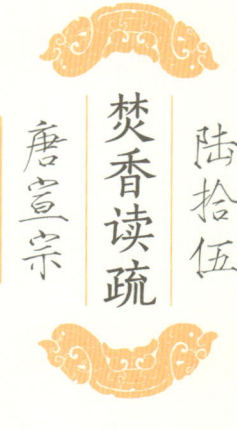

陆拾陆

敬受母教

宋太祖

宋史——

纪太祖尊母南郡夫人杜氏为皇太后，太祖拜殿上，群臣称贺，后愀然不乐。左右进曰：『臣闻母以子贵，今子为天子，胡为不乐？』后曰：『吾闻「为君难」，天子置身兆庶之上，若治得其道，则此位可尊。苟或失驭，求为匹夫不可得。是吾所以忧也。』太祖再拜，曰：『谨受教！』

宋史上，记太祖既即帝位，尊母杜氏为皇太后。太祖拜上尊号，群臣皆称贺，太后愀然有忧愁不乐之色。左右之人问说：『臣闻母以子贵，今子既为天子，太后天子之母，其贵无以加矣！何故反有不乐？』太后说：『吾闻古人说「为君难」，盖为天子者，置其身于亿兆众庶之上，若治之有道，则民皆爱戴，而尊位可以常保。倘或治失其道，以致兆庶离叛，则虽求为匹夫，亦不可得矣！今我子虽为天子，吾方忧天位之难居，岂可以为乐乎？』

太后这说话，虽是告群臣，实有儆戒太祖之意。故太祖即再拜谢，说：『谨当受教。』自是，即位之后，夙夜畏惧，窒欲防非，重道崇儒，缓刑尚德，以忠厚立国，推赤心置人。故能削平僭乱，创业垂统。於戏，若宋太祖者，可谓大孝矣！

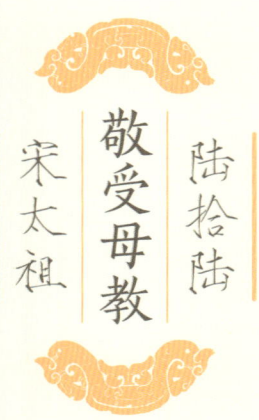

陆拾柒

解裘赐将

宋太祖

宋史——

纪王全斌之伐蜀也，属（zhǔ）汴京大雪，太祖设毡帏于讲武殿，衣紫貂裘帽以视事。忽谓左右曰：『我被服如此，体尚觉寒，念征西将士，冲冒霜雪，何以堪处？』即解裘帽，遣中使驰赐全斌，仍谕诸将曰：『不能遍及也。』全斌拜赐感泣，故所向有功。

宋史上，记太祖遣大将王全斌帅师征蜀。时冬月天寒，京城大雪，太祖设毡帏于讲武殿中，身穿着紫貂裘，头戴着紫貂帽，临朝视事。忽然谓左右说：『我穿戴这般样温暖的物，身上尚觉寒冷，想那西征的将士，冲冒霜雪，又无有这样衣服，怎么当得这等寒冷？』即时将所服的裘帽解下，遣中使马上赍去赐与全斌，又晓谕他部下的将士，说：『诸将寒苦，朝廷无不在念，奈裘帽有限，不能人人遍及也。』于是全斌拜受赐物，感激泪下。诸将皆感激，相与勠力图报，故所向皆捷，卒能平定蜀。

夫宋太祖有解衣之恩，及于将帅，遂能得其死力，成功如此。可见人主要边将成大功，不可不体其情，厚其赏，以劝之也。

陆拾捌

碎七宝器

宋太祖

宋史——纪太祖尝见蜀主孟昶（chǎng）宝装溺器，命撞碎之，曰：『汝以七宝饬（chì）此，当以何器贮食？所为如是，不亡何待！』

碎七寶器

宋史上，记太祖平蜀之后，曾见蜀主孟昶有一个溺器，是七样宝贝装成的。太祖见了大怒，命左右打碎之，说道：『七宝是珍贵之物，就做饮食之器也是奢侈不该的！汝却把来装饰溺器，不知又用何等的器皿去盛饮食？其侈用暴殄，一至于此，欲家国不至败亡，岂可得乎？』

夫太祖为创业之君，其言真足以垂戒万世！人君推此，件件都该崇尚朴素，乃为爱惜福禄，保守国家之道也。

受言書屏

陆拾玖　受言书屏

宋太祖

宋史——

纪太祖征处士王昭素为国子博士，召见便殿，年七十余矣。令讲乾卦，至九五『飞龙在天』，昭素援引证据，因示讽谏微旨。太祖大悦，问治世养身之术。对曰：『治世莫若爱民，养身莫若寡欲。』太祖爱其言，书于屏几。

宋史上，记太祖之时，有个处士姓王名昭素，太祖素知他有学行，征聘他来做国子监博士。既至，召他进见于便殿，此时昭素年七十余岁矣。太祖命他讲易经的乾卦，至第五爻『飞龙在天』，乃是人君之象。昭素讲论君道，援引古时帝王以为证据，遂阴寓讽、动劝谏的意。太祖见他忠直，大喜悦他，就问他治天下与养身的道理。昭素对说：『治天下，莫如爱恤百姓；养身体，莫如寡少嗜欲。』盖民为邦本，本固则邦宁，故治国之道，莫如爱民也；欲为身之害，害少则身安，故养身之道，莫如寡欲也。太祖爱他说得有理，将这两句言语，书于屏风及几案上，欲时时警省，不致遗忘也。

然寡欲爱民，固皆致治之要；而寡欲一言，又为爱民之本。盖自古百姓不安，皆因人主多欲。或好兴土木，或恣意声色，或妄开边衅，或求珍奇玩好之奉，或耽驰骋游幸之娱，此等事，皆不免伤民之财，劳民之力。上之所欲无穷，下之所需难继，以致海内骚然，百姓怨叛，而君身不可保矣！以是知人主必爱身，乃可以爱民；而安百姓，亦所以安其身也。

柒拾

戒主衣翠

宋太祖

宋史——纪永庆公主尝衣贴绣铺翠襦入宫中，太祖谓曰：『汝当以此与我，自今勿复为此饰。』公主笑曰：『此所用翠羽几何？』太祖曰：『不然。主家服此，宫闱戚里必相效。京城翠羽价高，小民逐利，展转贩易，伤生浸广，实汝之由。汝生长富贵，当念惜福，岂可造此恶业之端？』公主惭谢。

戒主衣翠

宋史上，记太祖的女儿永庆公主，曾穿一领贴金铺翠的襦（襦，短衣也）入宫中。太祖嫌其奢侈，向公主说道：『汝可解此襦与我，自今以后，再不要如此装饰。』公主笑说：『此襦所用翠羽几多，而官家以为过费？』太祖说道：『我之意非专为汝一襦而惜也。主家既穿此衣，宫中妃嫔，及皇亲贵戚每看见，必都相仿效，所用翠羽必多，京城中翠羽之价必贵。百姓每逐利，见此物可以取利，必然都去捕捉那翠鸟，辗转贩卖，杀生害命，皆汝此衣有以致之，其罪过多矣。汝生长富贵，不知艰苦，须当思爱惜受用，以图长久。岂可造此恶业之端，自损己福耶？』公主见太祖说得激切，乃惶恐谢罪。

夫宫闱之好尚，系四方之观法。古语说道：『宫中好高髻，四方高一尺。宫中好广眉，四方且半额。宫中好大袖，四方至匹帛。』言好尚之不可不慎也。若宫闱之中，服饰华丽，用度奢侈，则天下化之，渐以成风，坏风俗，耗财用，折福损寿，其害有不可胜言者矣，岂但如宋祖所谓戕害物命而已哉！大抵创业之君，阅历艰辛，唯恐享用太过，后世子孙，且有鄙而笑之者矣！吁，可不戒哉！

柒拾壹

竟日观书

宋太宗

竟日觀書

宋史——

纪太宗勤于读书，自巳至申，然后释卷。诏史馆修太平御览一千卷，日进三卷。宋琪以劳瘁为谏，帝曰：『开卷有益，不为劳也，朕欲周岁读遍是书耳。』每暇日，则问侍读吕文仲以经义，侍书王著以笔法，葛湍以字学。

宋史上，记太宗勤于读书，每日从巳时看书起，直到申时，然后，放下书卷。诏史馆儒臣，采辑古今事迹，纂修成一书，叫作太平御览，共有一千卷，每日进三卷，太宗观览，日日如此。其臣宋琪以看书勤苦，恐劳圣体为劝。太宗说：『天下古今义理，尽载书卷中，但开卷观看，就使人启发聪明，增长识见，极有进益。虽每日读书，自是心里喜好，不为劳苦也。朕要一年之内，读完这一千卷书，故须一日三卷，乃可读完耳。』每遇闲暇无事日还不肯错过，就召翰林侍读吕文仲，问他以经书上的义理；召侍书王著，问他以写字的笔法；召葛湍，问他以字学训解。

夫自古圣人虽聪明出于天赋，莫不资学问以成德。盖古今治乱兴衰，天下民情物理，必博观经史，乃可周知；必勤于访问，乃能通晓。故明君以务学为急，正为此也。观宋太宗勤学好问，不以为劳。若此，其能为太平令主，而弘开文运之盛，有由然哉！

柒拾贰

引衣容直

宋太宗

宋史——

纪寇准为枢密直学士，尝奏事殿中，语不合，太宗怒起。准辄引帝衣，请复坐，事决乃退。太宗嘉之曰：『朕得寇准，犹文皇之得魏徵也。』

引衣容直

宋史上，记宋太宗以寇准为枢密院直学士。寇准为人忠直敢言，一日奏事殿上，不合太宗的意思，太宗发怒起去，欲罢朝回宫。寇准即上去扯住太宗的袍服，请太宗复还御座，决断其事，务要听其言才罢。太宗见他这般鲠直，反嘉美他说道：『朕得寇准，如唐太宗之得魏徵也。』

夫人臣奏事忤旨，至于牵引上衣，以尽其说。为君者若不谅他忠直之心，必以为不敬而怒斥之矣！今太宗不惟不斥，且叹美之，其容人之度如此，所以能使臣下尽言，政事少过，而为宋之贤君也。如太宗者，真无愧于文皇矣！

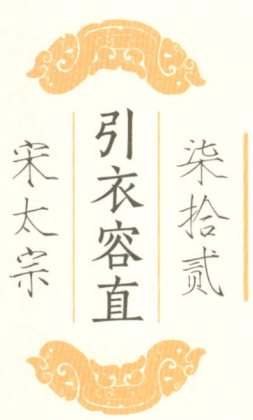

柒拾叁 改容听讲 宋仁宗

改容聽講

宋史——

纪仁宗初年，宰相王曾，以帝初即位，宜近师儒。乃请御崇政殿西阁，召侍讲学士孙奭（shì）、直学士冯元讲论语。初诏双日御经筵，自是虽只日，亦召侍臣讲读。帝在经筵，或左右瞻瞩，及容体不正，奭即拱立不讲。帝为竦然改听。

宋史上，记仁宗初年，宰相王曾以帝新即位，当亲近师儒之官，读书勤学，以涵养圣德。乃请临御崇政殿西阁，召侍讲学士孙奭、直学士冯元进讲论语。起初，定以双日御经筵，后来以学问不宜间断，虽是单日也召侍臣讲读。帝在经筵讲读时，或偶然左右观看别处，或容体少有不端，孙奭即端拱而立，停住不讲。盖恐帝心不在书上，虽讲无益也。仁宗见奭这等诚恳，那怠惰的意思即时收敛，为之竦然改听。

夫仁宗天资本是粹美，又有贤宰相辅导向学，当时讲官复尽心开发，一些不肯放过。仁宗能敬信而听从之，所以养成盛德，恭俭仁恕，始终如一，而为有宋一代之贤君也。

柒拾肆

受无逸图

宋仁宗

宋史——纪龙图阁学士孙奭，尝画书·无逸为图以进。上命施于讲读阁。及作迩英、延义二阁成，又命蔡襄写无逸篇于屏。

受無逸圖

宋史上，记仁宗时，有龙图阁学士孙奭，日侍讲读。每至前代治乱，必反复规讽。尝取书经·无逸篇中所载古帝王勤政恤民的事迹，画作一图，叫作无逸图，进上仁宗，欲其知所法也。仁宗喜之，命挂在讲读阁里，日日观览。其后，新造迩英、延义二阁成，又命馆阁校勘蔡襄，把无逸一篇写在二阁之屏上，使随处皆得观览。

夫无逸一书，乃周公告成王的话，大意欲成王知稼穑、勤政事，兢兢业业，不敢自安。能如此，则福祚绵长；不如此，则寿命短促。因举商中宗、高宗、祖甲、周太王、王季、文王以为法，商纣以为戒，其言深切恳至，实万世人主之龟鉴也。仁宗既受孙奭之图，又命蔡襄书之，盖必有味其言矣！则其观后苑之麦、忍中夜之饥，孰非自此书中得来，所以明君以务学为急。

柒拾伍 不喜珠饰

宋仁宗

宋史——纪仁宗宫中，颇好珠饰，京师珠价腾涌。上患之。一日上在别殿，妃嫔毕集，所幸张贵妃至，首饰皆珠。上望见，举袖掩面，曰：『满头白纷纷的，没些忌讳。』贵妃惭，起易之，上乃悦。自是禁中更不戴珠，珠价大减。

宋史上，记仁宗时，宫中人好以珠为首饰，采买者多，因此京师中珍珠登时涨起价来。仁宗恐宫中相尚不已，风俗趋于侈靡，思量要革它。一日在别殿上游赏，诸妃嫔都在左右，有个宠幸的张贵妃到来，头上的头饰都是珍珠。仁宗望见，故意把袖子遮了脸不看她，说道：『满头插得白纷纷的，近于不祥之象，好没些忌讳。』张贵妃惭愧，慌忙退去，摘下珍珠首饰，换了别样首饰来，仁宗方才喜悦。从此宫中人只说仁宗厌忌此物，再不敢戴它，京师里珠价登时大减。

夫珠玉珍宝，饥不可食，寒不可衣，而铢两之间，其价不赀，糜费民财，以供一时之玩，何益于用？故明君贵五谷而贱珠玉，盖不以无益害有用也。然亦系于人主之好尚何如，观仁宗一言，而珠价顿减，岂待于法制禁令哉？

柒拾陆 纳谏遣女

宋仁宗

宋史——

纪仁宗时，王德用进二女。王素论之，上笑曰：『朕真宗子，卿王旦子，有世旧，非他人比，德用实进女，然已在朕左右，奈何？』素曰：『臣之忧正恐在陛下左右耳。』上动容，立命宫官遣女。素曰：『陛下既不弃臣言，亦何遽也？』上曰：『朕若见其人留恋不肯行，恐亦不能出矣。』顷之，宫官奏宫女已出内东门，上乃起。

宋史上，记仁宗时，王德用判定州，曾取两个女子献入后宫，以悦仁宗之心，仁宗就收留在后宫，这是仁宗差处。那时谏官王素闻知，即奏此女不可收留，劝仁宗去之。仁宗笑对王素说：『朕乃真宗之子，卿乃宰相王旦之子，卿父辅佐我父皇，君臣相得，则朕与卿有世好之旧，与别的群臣不同，只得实与卿说，这两个女子委的是王德用进的，但朕已误纳，现在左右服侍了，如何去得？』王素奏说：『陛下以此女在左右为不可去，不知臣之所忧，正恐此女在陛下左右，蛊惑圣心，有累圣德，所以劝陛下去之耳。』仁宗一闻此言，遂自悟其失，竦然动容，即时命宫官打发二女出宫。王素奏说：『陛下既已听臣言，少待陛下还宫从容遣之，亦无妨，何必如此急遽？』仁宗说道：『待我还宫时，万一此女有留恋不肯去的意思，我那时为情所牵，恐也遣她不成了，不如趁今遣之为易。』少时，宫官来奏，二女子已出内东门去讫，仁宗方才退朝。

夫宫禁之事，乃人主之所讳言，而房帷之爱，又人情之所牵恋。今仁宗既纳二女，已经进御，一旦闻王素之谏，即开诚直告，略无回互，割舍所爱，不少迟留，可谓从谏之速，而改过之勇矣。此真盛德事也！

柒拾柒 天章召见 宋仁宗

宋史——

纪仁宗幸龙图天章阁，以手诏问辅臣及御史中丞以上时政阙失，皆给笔札，令即坐以对。时翰林学士张方平条对四事，帝览奏惊异，诏且更赐手札，问诏所不及者。侍御史何郯，乞诏两制臣僚，自今有闻朝政阙失，并许上章论列，帝嘉纳之。

宋史上，记仁宗曾临幸龙图天章阁，召见辅弼大臣，及御史中丞以上，因出手诏，问诸臣以时政欠阙差失处，都给与纸笔，着他就坐上开写以对。当时诸臣皆有奏答，唯翰林学士张方平，条答『汰冗兵、退剩员、慎磨勘、择将帅』四事，帝见其所言，切于治道，深加惊叹。明日早，又赐手敕，询问他昨日诏书上所不及的事，着他一一奏来。又有侍御史何郯上言，翰林管内外制文的诸臣，原是为备顾问而设，乞诏谕他，今后但是朝政有阙失，得于见闻之真者，并许他上疏论列，直言无隐，以助圣化。仁宗因何郯说得有理，也欣然从之。

盖仁宗求治之心甚切，故引见群臣，面加咨询，使之条对，惟恐忠谋谠论不得上达。及闻张方平等直言，又复虚心延访，嘉奖听受，所以那时朝政修举，海内治平，为宋朝守成之令主也。

柒拾捌

夜止烧羊

宋仁宗

宋史——

纪仁宗尝语近臣：『昨因不寐而饥，思食烧羊。』曰：『何不取索？』曰：『恐遂为例，可不忍一夕之饥而启无穷之杀。』或献蛤蜊二十八枚，枚千钱，曰：『一下箸费二十八千，吾不堪也。』

夜止烧羊

宋史上，记仁宗一日对近臣说：『朕昨夜因睡不着，腹中觉饥，想些烧的羊肉吃。』近臣因问说：『何不令人取进？』仁宗说：『恐膳房因此遂为定例，夜夜要办下烧羊，以备取用，则伤害物命必多，岂可恣口腹之欲，不忍一夕之饥，而忍于戕害无穷之生命乎！』因此遂止。又一日有献蛤蜊二十八枚者，说一枚价值钱千文，仁宗说：『这一下箸之间，就费了二万八千文钱，似此享用无度，我岂能堪？』遂不受其献。

仁宗在宋朝最为仁厚之主，观其不忍害物如此，则其不忍于伤民可知。故能致治升平，而享祚悠久也。

后苑觀麥

柒拾玖

后苑观麦

宋仁宗

宋史——

纪仁宗幸后苑，御宝岐殿观刈麦，谓辅臣曰：『朕作此殿，不欲植花卉而岁以种麦，庶知稼穑之不易也。』

宋史上，记仁宗留意农事，宫中后苑里有空地，都使人种麦，又于其地建一小殿，名叫宝岐殿。麦一茎双穗谓之岐，此丰年之祥，最宜宝重，故以为殿名。每年麦熟时，仁宗亲自临幸后苑，坐宝岐殿看人割麦，谕随驾的辅臣说道：『宫殿前似当栽植花卉，以供赏玩；今朕造此殿，独不种花卉，但年年种麦，此是何故？盖以我深居九重，无由知稼穑之艰难，所以种麦于此，要看他耕种耘锄，庶几农家之苦，时时在吾目中也。』

大抵四民中，惟农为最苦，春耕夏耘，早作暮息，四体焦枯，终岁勤动，还有不得一饱食者。古人有诗云：『锄禾日当午，汗滴禾下土。谁知盘中餐，粒粒皆辛苦。』真可谓格言矣。古之贤君知此，所以极其悯念民力为赈恤，而民卒受其福，后世人主生长富贵，不知稼穑为何物，荒淫佚乐，惟恐不暇，而何暇恤农也。仁宗以天子之尊，亲临农民之事，知惓惓于稼穑如此，则其恭俭仁恕，卓越近代，不亦宜乎！

捌拾

轸念流民

宋神宗

宋史——

纪神宗时东北大旱，诏求直言，郑侠上流民图。疏奏，帝反复观图，长吁数四，袖以入内，是夕寝不能寐。翌日遂命开封体勘新法不便者，凡十有八事，罢之，民间欢呼相贺。是日果大雨，远近沾洽。

轸念流民

宋史上，记神宗时，行了王安石的新法，扰害百姓，民不聊生；到熙宁七年间，天又大旱，年岁饥荒，东北一带的百姓都流移转徙，死亡离散，其艰难困苦之状，实为可怜。那时有一个官是光州司法参军，叫作郑侠，因考满赴京，在路上看见那流民的模样，心甚不忍，说道：『小民这等穷苦，朝廷如何知道？』乃照那样子画一本图形，叫作流民图。其中有采树叶、掘草根充饥的；有衣衫破碎，沿途讨吃的；有饿死在沟渠的，有扶老携幼流移趁食的；有恋土不去，被在官公人比较差徭，拷打枷锁的；有拆屋卸房、鬻儿卖女变价纳官的……一一画将出来。至京之日，将这图本进在御前，奏说：『只因新法不善，致得百姓这等，伤了天地的和气，所以久旱不雨。如今要天降雨，需是把新法革去不行才好。』神宗将此图反复看了几遍，才晓得新法之害与民间之苦如此，甚是感伤懊悔，长叹数回，袖了入宫，一夜不能睡着。到明日，传旨着在京开封府官，查那新法为民害者共有一十八件，都罢革不行。当时京城内外的百姓，听说如此，以为从此得生，人人欢呼相庆。即日天果大雨，处处田苗俱各沾濡充足。

夫人君一去弊政，便能感动天地如此，可见为民祈祷者，在实政，不在虚文，而祖宗旧法慎不可轻变也。

捌拾壹

烛送词臣

宋哲宗

宋史——纪苏轼为翰林学士，尝宿禁中，召见便殿。太皇太后问曰：『卿今何官？』对曰：『待罪翰林。』曰：『何以遽至此？』对曰：『遭遇太皇太后、皇帝陛下。』曰：『非也，此先帝意也，先帝每诵卿文章，必叹曰「奇才、奇才」，但未及进用卿耳。』轼不觉哭失声，太皇太后与帝亦泣，左右皆感涕。已而命坐赐茶，撤御前金莲烛送归院。

宋史上，记苏轼在神宗时，被小人排抑，一向贬谪在外，至哲宗登极，才取他做翰林学士。宋朝翰林院设在禁中，每夜有学士一员轮流直宿，以备不时顾问。有一夜遇苏轼该直，哲宗的祖母太皇太后与哲宗同御便殿宣苏轼入见。太皇太后问苏轼：『卿如今做什么官？』苏轼对说：『待罪翰林学士。』谓之『待罪』者，说他不称此官，惟待罪责而已，谦词也。太皇太后又问：『学士是美官，卿一向流落江湖，怎能勾到此地位？』苏轼乃归恩于上，说道：『臣幸遭遇太皇太后及皇帝陛下见知，故得到此耳。』太皇太后说：『非我用卿，乃先帝神宗意也。先帝每读卿的奏疏文章，必赞美说「奇才、奇才」，不久先帝遂晏驾，故未及用卿耳。今我用卿为此官，实承先帝之意也。』苏轼因此追感先帝知遇，不觉痛哭失声。太皇太后与哲宗也相向而泣，那时左右内臣，也都感伤流涕。太皇太后赐苏轼座，又赐他茶吃，将退时，撤御前的金莲烛送他归院。看那时人君接见臣下，问答从容，礼数款洽，蔼然如家人父子一般，所以为臣的感激主恩，不觉悲泣。君臣间是何等景象！史称宋家以忠厚立国，又言其竟得尊贤敬士之报，岂不信矣！

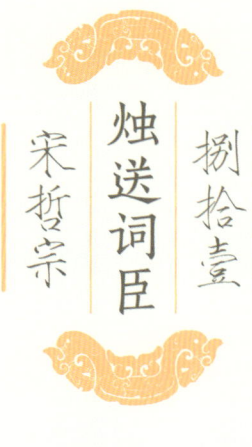

上篇后记

右善可为法者八十一事，臣等既论次终篇，乃作而叹曰：嗟乎！孟轲称：『五百年而后有王者兴。』传曰：『千年一圣，犹旦暮也。』讵不信哉！夫自尧舜以至于今，代更几世，主更几姓矣，而其可取者，三十余君而已。中间又或单举一善，节取一节，究其终始，尚多可议。其完善烁懿、卓然可为世表者，才什一耳，可不谓难哉！

天佑我明，圣神继作。臣等尝伏读我祖宗列圣实录，仰稽创守鸿规，则前史所称圣哲之事，无一不备者。略举其概：如二祖之开基靖难，身致太平，则尧、舜、汤、武功德兼焉；典则贻休，谟烈垂后，则汉纲唐目，巨细具焉。昭皇帝之洪慈肆宥，培植国脉，则解网、泽骨之仁也。章皇帝之稽古右文，励精图治，则弘文、延英之轨也。睿皇帝之聘礼处士，访问治道，则蒲轮、玄纁之举也。纯皇帝之亲爱诸王，厚遇郕邸，则敦睦友于之风也。敬皇帝之延见群臣，曲纳谠直，则揭器止辇之明也。肃皇帝之心存敬一，治本农桑，则丹书、无逸之箴也。皇考穆宗庄皇帝之躬修玄默，服戎怀远，则垂衣、舞干之化也。其他片言之善，一事之美，又不可以殚述。盖明兴才二百余年，而圣贤之君，已不啻六七作矣。以是方内乂安，四夷宾服，重熙袭洽，迭耀弥光，致治之美，振古罕俪焉。猗欤休哉！岂非乾坤光岳之气，独钟于昭代；河清里社之兆，并应于今日哉！

诗云：『下武维周，世有哲王。王配于京，世德作求。』我明世德盖轶有周而特盛矣。今皇上睿哲挺生，膺期抚运，又将觐光扬烈，以远追二帝三王之治焉。臣等何幸，躬逢其盛！

下篇

狂愚覆轍

游畋失位

壹

游畋失位

夏太康

夏史——纪太康即位，荒逸，弗恤国事。畋猎于洛水之表，十旬弗返。有穷后羿，因民之怨，拒之于河，弗许归国。厥弟五人，作歌以怨之。太康失国，居阳夏。

夏史上，记太康即位，荒于逸乐，不以国事为念，只好在外面打猎，巡游于河南地方洛水之外，流连百日，不肯回还。把朝廷政事都荒废了，把百姓禾稼都践踏了，民皆嗟怨。当时，有一个臣，叫作后羿，极善射。因民之怨，率领军马，手持弓矢，拒之于河上，不要他归国。其弟五人，恨他荒淫无道，坏了祖宗的基业。于是，作诗五章，称述其祖大禹的训词以怨之，谓之五子之歌。太康毕竟不得归国，居于阳夏之地而死。

夫太康为启之子，启能继禹之道，贤圣之主也。再传太康，止以好尚游畋一事，遂至失国，父祖之德泽，皆不足恃矣。吁，可畏哉！

贰

脯林酒池

夏桀王

夏史——

纪桀伐有施氏，得妹喜。喜有宠，所言皆从，为瑶台、象廊。殚百姓之财，为肉山脯林。酒池可以运船，糟堤可以望十里，一鼓而牛饮者三千人。妹喜笑，以为乐。

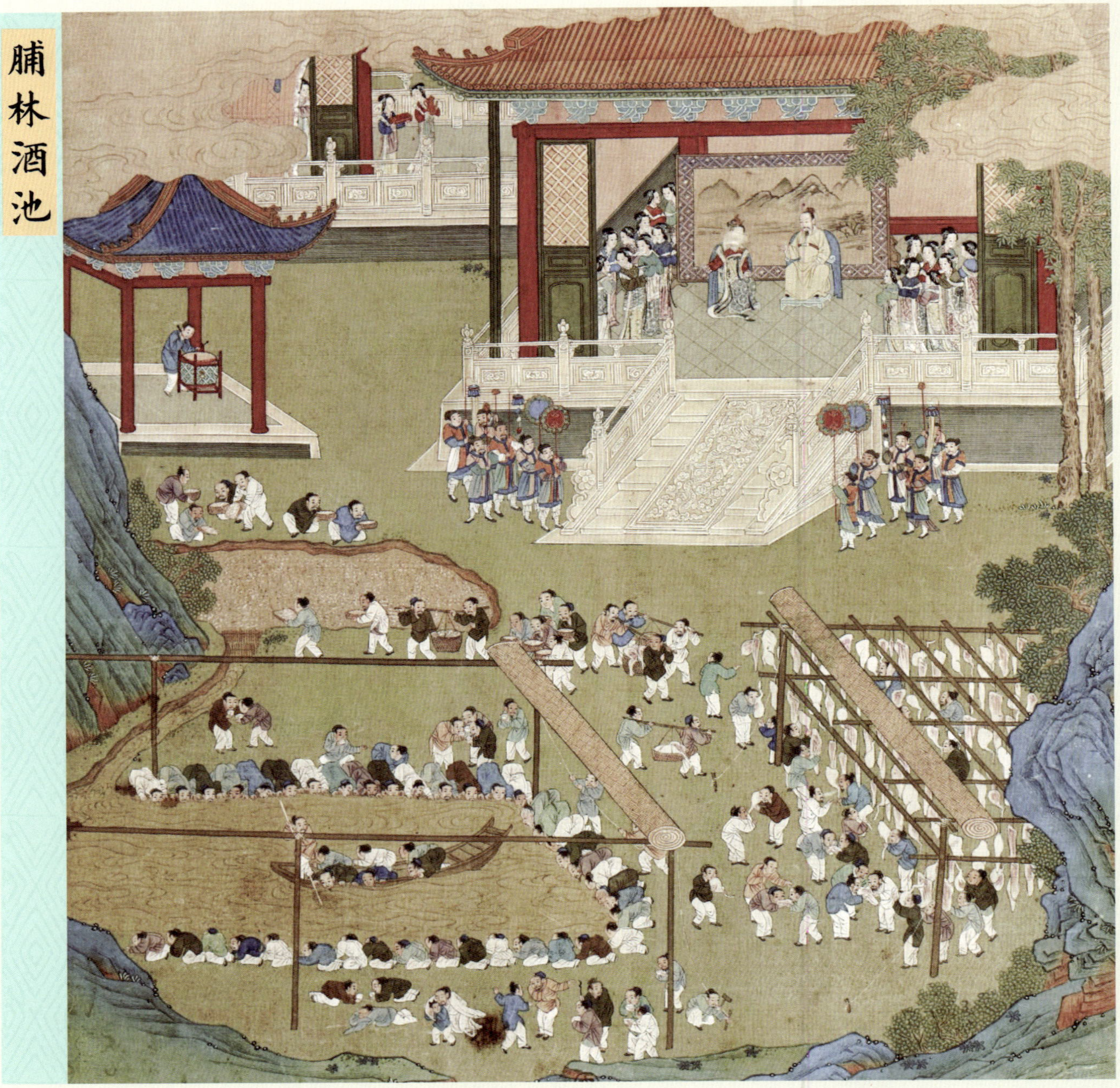

夏史上，记夏桀无道，不修德政，因征伐有施氏之国。有施氏进了个美女，叫作妹喜。桀甚是宠爱他，说的言语，无不听从。造为琼台、象廊，极其华丽，竭尽了百姓的财力。又性嗜酒，放纵。不但自家酣饮，将各样禽兽之肉堆积如山；烹烤为脯者，悬挂如林。凿个大池注酒，池中可以行船；积糟为堤，其长可望十里；击鼓一通，则齐到池边，低头就饮，如牛之饮水者三千人。桀与妹喜欢笑，以此为乐。朝政之废可知矣。

夫桀之始祖大禹，卑宫室，恶衣服，克勤克俭，因饮酒而甘，遂疏造酒之仪狄，何等忧深虑远，辛勤创业。而桀乃放纵如此，不亡何待！后六百年，又有商纣，亦为肉林酒池，亦亡商国。嗜酒之祸，可鉴也哉！

叁

革囊射天

商武乙

商史——纪武乙无道，为偶人，谓之天神，与博不胜而戮之。为革囊盛血，仰而射之，谓之射天。猎于河渭之间，暴雷震死。

商史上，记商王武乙无道，不知敬事天地，把木雕成人形，叫作天神。与之对局而博，使人代为行筹，若是偶人输了，就将他斫碎，恰似杀戮那天神的一般。又将皮革为囊，里面盛着生血，高悬于空中，仰而射之，叫作射天。其慢神亵天如此。在位五年，出畋猎于河渭之间，着暴雷霹死。

夫人君无不敬也，而敬天为大。书曰：『钦若昊天！』诗曰：『敬之敬之，天惟显思，命不易哉。』若以天为不足畏，则无可畏者矣。武乙之凶恶，说他不但不怕人，连天也不怕。故为偶人而戮之，为革囊而射之。呜呼！得罪于天，岂可逃哉！震雷殒躯，天之降罚，亦甚明矣！

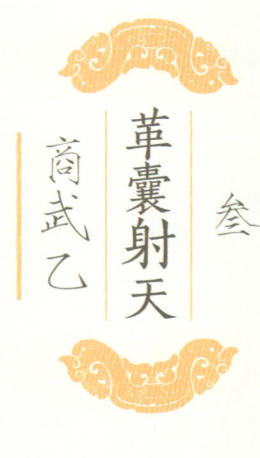

肆 妲己害政

商纣王

商史——

纪纣伐有苏，获妲己。妲己有宠，其言是从，作奇技淫巧以悦之。使师延作朝歌、北鄙之音、北里之舞，靡靡之乐。造鹿台，为琼室玉门。厚赋敛，以实鹿台之财，盈钜桥之粟。以酒为池，悬肉为林，使男女裸而相逐。宫中九市，为长夜之饮，百姓怨望。诸侯有畔者，妲己以为罚轻威不立，纣乃为铜柱，以膏涂之，加于炭火之上，令有罪者行焉，辄堕炭中以取妲己笑，名曰『炮烙之刑』。

商史上，记纣无道，恃强用兵，征伐有苏氏之国。有苏氏畏其威力，进献个美女，叫作妲己。纣得了妲己，甚是宠爱她。但是她说的就听，造作奇巧的服饰、器物，以悦其心。使乐官师延作为朝歌、北鄙之音、北里之舞，靡靡之乐，大率都是淫声。又穷极土木之工，造鹿台一座，以琼瑶为室，以玉石为门，厚敛百姓的财物以为私积。那鹿台之内，钱财充实；钜桥之仓，粟米盈满。又凿个大池盛酒，悬鸟兽之肉为林，使男女裸体驰逐于其间。宫中又开设九处店市，与外人交易买卖，君臣酣饮，从夜达旦，竭民膏血，极欲穷奢。所以一时的百姓每都兴嗟含怨，困苦无聊。诸侯有背叛者，妲己说，『诸侯之畔，都因罚轻诛薄，主威不立所致。』纣听其言，使人铸铜为柱，柱上涂上脂油，下面烧起炭火，将铜柱加于炭火之上，使有罪的人在柱上行走。那铜柱既热又滑，人如何行得，就都堕在炭火里烧死。妲己看见，以为笑乐。这个叫作『炮烙之刑』。

尝考之于史，说商纣闻见甚敏，材力过人，使其有此才智，而能亲近贤臣，容纳忠言，则其恶岂至于此哉！乃醢鄂侯、剖比干，而唯妇言是用，欲不亡，得乎？万世之下，言大恶者，必曰桀、纣。女祸之烈，一至于此，有天下者，可不戒哉？

八駿巡游

伍 八骏巡游

周穆王

周史——

纪穆王臣造父善御，得八骏马。王使造父御之，西巡，乐而忘返。东方徐夷，乘间作乱，周乃中衰。

周史上，记穆王时，有个臣叫作造父，善能御车驾马。是时，穆王得了八匹极善走的骏马，使造父驾着，往西方去巡幸。当时天下太平，穆王驾着那骏马，任意遨游，不思返国，把朝廷政事都废了，民心离叛。东方有个徐夷，因此乘空造反，僭称为徐偃王。近徐的诸侯，多有往朝于徐者，周家的王业到此中衰。

夫穆王初年，亦是个英明之主。后来，只为用了造父，耽于游幸，遂致政乱国衰。然则，人君之举动，可不慎哉！

戏举烽火

陆

周幽王

周史——

纪幽王嬖爱褒姒，褒姒不好笑，王说之万方，故不笑。王与诸侯约，有寇至，举烽火为信，则举兵来援。王欲褒姒笑，乃无故举火，诸侯悉至，至而无寇，褒姒大笑。后犬戎伐王，王举火征兵，兵莫至。戎杀王于骊山下，掳褒姒。

周史上，记幽王宠爱美女褒姒。褒姒性不好笑，王只要得她一笑，设了万般的方法，引褒姒笑，褒姒故意只是不笑。先是王与诸侯相约，若有贼寇兵至，就烟墩上举起烽火为信，则列国举兵来救援。至是王念无可动褒姒笑者，遂无故举烽火。诸侯望见，只说有贼兵到了，都领兵来救援，一时齐到城下，却不见有贼兵。褒姒见哄得众诸侯空来这一遭，乃不觉大笑。然诸侯由此不信幽王。后犬戎调兵伐王，王复举火召兵。诸侯见前次哄了他，这遭一个也不来。王遂被犬戎杀害于骊山之下，连褒姒也掳去了。

夫女色可远不可近，近则为其所迷，而举动不知谨，患害不知虑。幽王只为要褒姒欢喜，至无故征天下之兵，以供其一笑，卒致身弑国亡，其昏暗甚矣。谥之曰『幽』，不亦宜乎！

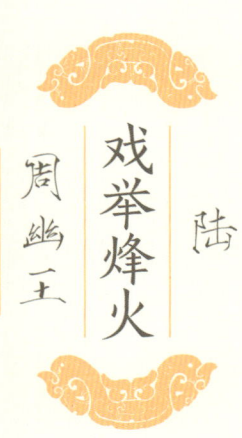

柒 遣使求仙

秦始皇

秦史——

纪始皇帝东巡海上，遣方士齐人徐市等，入海求蓬莱、方丈、瀛洲三神山及仙人不死之药。市等诳始皇，言未能至，望见之焉。请得斋戒，与童男女，及百工之事求之，即得之矣。始皇从其言，使童男女三千人，与百工之事偕往。徐市止，王不来。

秦史上，记始皇帝好神仙，说海中有三座山，都是神仙所居。始皇东巡至海上，遣方士齐人徐市等，入海访求此三山，及仙人长生不死之药。这神仙之说，本是荒诞，徐市因始皇好之，遂哄他说，海中实有三神山，臣等虽不曾到，常在海上望见之焉，请得斋戒，与童男童女及百工技艺之人，入海求之，则三山可到，不死之药可得也。始皇不知其诈，遂发童男童女三千人，及百工技艺之事，使徐市等泛海求之。徐市得了这许多人，走在海外，寻个地方，就在那里做了王，不回来，而仙药终不可得也。

尝观秦始皇既平六国，平生志欲，无不遂者，所不可必得者寿耳。于是信方士之言，觅不死之药，竟为徐市等所诳，何其愚哉！至汉武帝，亦遣方士入海，求蓬莱，安期生之属，终不可得。迨其末年，始悔为方士所欺，乃曰：『天下岂有仙人，尽妖妄耳！』吁！亦晚矣！宜史臣表而出之，以戒后世人主之惑于方士者。

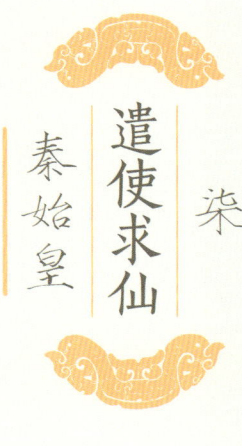

捌

坑儒焚书

秦始皇

秦史——

纪始皇三十四年，用李斯之言，烧诗、书、百家语。有敢偶语诗、书者弃市；以古非今者族；吏见知不举者与同罪。所不去者，惟医药、卜筮、种树之书。侯生、卢生相与讥议始皇，因亡去。始皇闻之大怒曰：『诸生为妖言，以乱黔首。』使御史案问，诸生转相告引，犯禁者四百六十余人，皆坑之。

秦史上，记始皇帝三十四年，从丞相李斯之言，天下人但有私藏诗、书及百家言语、文字者，都着送官，尽行烧毁，再不许天下人读书。有两人成偶，口谈诗、书者，就戮之于市；有援引古事，非毁当今者，全家处死；官吏有见知不举发者，与之同罪。所存留不毁者，只是医药与卜筮、种树这几种小书而已。时有儒士侯生、卢生，两个人相与讥议始皇所为不合道理，又恐得罪，因逃去躲避。始皇闻之大怒，说这儒生每造为妖言，煽惑人心，不可不诛。乃使御史访察、案问之。诸生互相讦告，攀扯连累，凡犯诽谤之禁者，四百六十余人，皆坑杀于咸阳地方。

夫自古帝王欲治天下，未有不以崇儒重道为先务者，而始皇乃独反其道，致使典籍尽为灰烬，衣冠咸被屠戮，其罪可胜言哉？至汉高帝过鲁，以大牢祀孔子，文帝除挟书之律，武帝表彰六经，公孙弘以儒生为宰相，而孔氏之教乃复兴。夫观秦之所以亡，与汉之所以兴者，得失之效，昭然可睹矣！

玖

大营宫室

秦始皇

秦史——

纪始皇以先王宫廷小，乃营朝宫渭南上林苑中。先作前殿阿房，东西五百步，南北五十丈。上可以坐万人，下可以建五丈旗。周驰为阁道，自殿下直抵南山，表山巅以为阙。复道渡渭，属之咸阳。计宫三百，帷帐、钟鼓、美人充之，各案署不移徙。

秦史上，记始皇建都咸阳，以先王所住的宫殿狭小，不足以容，乃营建朝宫于渭南上林苑中，先起前面一座殿，叫作阿房殿。这殿的规制，自东至西，横阔五百步；自南至北，入深五十丈。上面坐得一万人，下面竖立得五丈高的旗。只这一座殿，其高大深阔如此，其他可知矣。周围四边，俱做可驰走的高阁道，自殿下直至南山，就南山顶上竖立阙门。其北首砌一条复道，直跨过渭水如桥梁一般，接着咸阳都城。计建立的离宫有三百所，一一都有铺设的帷帐等物，作乐的钟鼓等器，及四方美女充实其中，以待始皇游幸。但所到之处，百事俱备，不用挪移。

夫自古帝王皆以民力为重，不忍轻用。知民心之向背，乃天命去留所系也。始皇竭天之力，以营宫室，极其壮丽，自谓可乐矣。而民心离叛，覆灭随之，竟为项羽所焚，悉成煨烬。吁，可鉴哉！

拾 女巫出入

汉武帝

汉史——

纪武帝时，女巫往来宫中，教美人度厄，每屋辄埋木人祭之。因妒忌恚骂，更相告讦，以为咒诅。上怒，多所击杀。上心既疑，尝梦木人数千，持杖欲击上，因是体不平。江充自知为太子所恶，因言上疾，祟在巫蛊。于是使江充治巫蛊狱。充云：『于太子宫得木人尤多。』太子愤恨，无以自明，于是发武库兵捕江充诛之。武帝怒，使人捕太子，太子自缢。

西汉史上，记武帝纵容民间女巫出入宫中（女巫，如今师婆之类），教宫人每祈祷解厄，刻木为神道形像，埋在屋里，时常祷祀以祈福。于是宫人每有彼此妒忌怨骂者，就告讦于武帝，说他每在背地里雕刻人形，魇镇咒诅主上。武帝发怒，打死宫人甚多。武帝心中既疑，尝梦木人数千，持杖要来打他，因此身体欠安。有奸臣江充，自知太子恶他，见帝年老，恐日后为太子所诛，故奏说：『主上这疾，由巫蛊魇镇所致。』武帝信之，就着江充穷治巫蛊之狱，遍宫中掘地搜寻木人。江充就借此倾陷太子，说：『臣至太子宫中，掘得木人尤多。』武帝怒，太子负屈，无以自明，不胜愤恨之心，遂擅发武库兵仗，捕得江充诛之。武帝愈怒，说太子谋反，使人捉拿太子。太子惶惧，走出湖县，自缢而死。

大抵妇人妒宠相谗，乃其常态。但使宫禁严密，不许外人擅自出入，嫔妃近幸之人，不许彼此无事往来，则闺门自然清肃，谗害不生。至于女巫邪术，尤不可近。俗语云：『三婆（谓师婆、卦婆、卖婆也）不入门，便是好人家。』况于天子之宫禁，而可容此辈出入乎？武帝只因不能禁绝于初，故致自生疑惑，而奸人乘间构祸，骨肉伤残，后虽追悔，亦何及哉！此万世所当鉴戒也。

五侯擅權

拾壹

五侯擅权

汉成帝

汉史——纪成帝初立，以元舅阳平侯王凤为大司马、大将军辅政。诸舅谭、商、立、根、逢时，同日封侯，世谓之五侯。是日，黄雾四塞。商、根又相继秉政。王氏一门，乘朱轮、华毂者二十五人，分处势要，朝士皆出其门，赂遗（wèi）四面而至。五侯争为奢侈，大治第室，至为赤墀（chí）、青琐，起土山、渐台像白虎殿，穿城引沣水注第中。群臣及吏民多上书言王氏威权太盛，上皆不听。于是王氏益横。其后新都侯王莽遂篡汉自立。

西汉史上，记成帝初即位，待太后家王氏过厚，用长舅阳平侯王凤做大司马、大将军，专执朝政。诸舅王谭、王商、王立、王根、王逢时，五人同时都封为列侯，当时人号他做五侯。受封之日，黄雾四塞。天戒甚明如此，而成帝不悟。后来王商、王根，又继王凤秉政。王氏一门贵盛，乘朱轮、华毂之车者，多至二十五人，都分占势要之官。朝中仕宦，个个是他门下私人。馈送财宝者，四面而至。五侯争以奢侈相尚。大起第宅，穷极壮丽，至用赤土为墀，门户上刻成连琐，而以青色涂之。僭拟朝廷宫殿制度，园中起土山渐台，恰似白虎殿一般。又径自凿开长安城墙，引城外的沣水到他宅里为池，其奢僭如此。那时群臣及官民人等，多上书说王氏权威太盛，恐不可制。成帝只为溺爱母家，都不听其说。因此，王氏越发横恣，无所忌惮。其后平帝以幼年继立，新都侯王莽专政，权威尽归其手，遂毒杀平帝，篡汉自立。

夫人君之于外戚，固当推恩，但不当假以权柄；不幸而有罪，亦宜以法裁之。汉文帝知后弟窦广国之贤而不肯用，诛其舅薄昭之罪而不少贷，后世称明焉。成帝不思祖宗贻谋之意，乃使诸舅更执国政，子弟分处要官，至于骄纵不法，一切置而不问，养成篡杀之祸，岂非千古之鉴戒哉？人主欲保全外家，惟厚其恩赉，而毋使之干预朝政，则富贵可以长守矣。

拾贰

市里微行

汉成帝

汉史——

纪成帝为微行，从期门郎，或私奴，或乘小车，或皆骑，出入市里郊野，远至旁县。斗鸡走马，常自称富平侯家人。富平侯者，侍中张放也，宠幸无比，故假称之。

西汉史上，记成帝好微行。微行，是私自出外行走，不使人知其为天子也。他既是私行，所以不乘辇辂（lù），也不要百官扈驾，只悄悄地着几个禁卫的期门郎，或常侍的仆役跟随着。或时坐一小车，或混同随从，人都一概骑马，出入街市坊里、荒郊野外，远至邻京县邑，斗鸡走马，以为戏乐。此时侍中张放，封富平侯，得宠于上，贵幸无比。成帝乃假充作张放的家人，以震服人心，泯其形迹。

夫以天子之尊，出入警跸，前后法从，有和鸾鸣珮之节，凡以别等威、备非常、肃臣下之观望也。成帝自轻其身，遨游市里，又妄自贬损，称为富平家人，其玷辱宗社甚矣，何以君天下而临万国哉！

拾叁

宠昵飞燕

汉成帝

汉史——

纪成帝微行，过阳阿主家，见歌舞者赵飞燕而悦之，召入宫，大幸。有女弟合德，姿性尤秾粹，亦召入。披香博士淖方成在帝后，唾曰：『此祸水也，灭火必矣。』后姊弟俱立为婕妤，果谮告许皇后，咒诅主上。帝乃废许后，而立飞燕为后。

西汉史上，记成帝微行时，一日到阳阿公主家。有个歌舞的女子，身体最轻，能为掌上舞，名叫赵飞燕。成帝见了，甚是喜悦，就召入宫中，大得宠幸。飞燕有个妹子，名叫合德，姿容性格更是秾艳粹美，亦复召入。时披香殿里有个博士，姓淖，名方成，最有识见。跟随在成帝之后，见了飞燕姊妹这等模样，知是不祥之兆，因以口唾之，说道：『汉家以火德王天下，此女子入宫，必乱国家，乃祸水也，灭火必矣。』其后，飞燕姊妹日见宠幸，不久俱封为婕妤，果然在成帝面前谗谮许后，说她诅咒主上。成帝信其言，遂将许后废处昭台宫，而立飞燕为后，卒以败德乱政焉。

夫自古亡国非一，而女色居其大半，岂女子有色遂为害哉？良以有色无德故耳。盖妇德必贞静幽闲，端庄雅重，无邪媚轻佻之态者，然后可以配至尊，奉宗庙，而母仪天下。飞燕姊妹以倡优歌舞贱人，而帝宠之为后，其视桀宠妹喜，纣宠妲己，又有甚矣。汉祚之衰，实自此始，可叹也哉！

拾肆

嬖佞戮贤

汉哀帝

汉史——

纪哀帝时，侍中董贤姿貌美丽，以和柔便辟得幸于上，贵震朝廷，常与上卧起。诏将作大匠，为贤起大第，穷极技巧。赐武库禁兵，尚方珍宝，及东园秘器，无不备具。郑崇谏上，上怒，下崇狱，竟死。

西汉史上，记哀帝时，有个侍中，叫作董贤。他容貌美丽，性体和柔，而便佞邪辟，以此得帝宠幸，至与帝同卧起。其尊贵之势，震动朝廷。帝诏令总管营建的将作大匠，替董贤起盖大第宅，诸般的技能工巧无不做到。又赐他武库里禁兵，尚方的珍宝，及东园中葬器，皆朝廷所用，俱以赐贤，无一不备者。其时有个贤臣郑崇，因此谏诤，以为不可。上怒，而下崇于狱，竟死狱中。

夫哀帝初年，躬行节俭，政事皆由己出，亦可以为明主，到后来一宠董贤，遂至颠倒迷惑，无复顾惜，卒以促亡。人君之宠狎佞幸，其祸如此！

拾伍　十侍乱政

汉桓帝

东汉史上，记桓帝封中官左悺（guàn）、贝瑗（yuàn）、徐璜、唐衡、单超五人俱为列侯。时帝方卖爵，因侯览上缣五千匹，也封为高乡侯。又封小黄门八人俱为乡侯。由是悺等，占据势要，专擅威权，交通四方贿赂。就中五侯尤贪婪、放纵，气焰熏灼。那时有个民谣，叫左馆做『左回天』，言其势力能转动人主的意向也；叫贝瑗做『贝独坐』，言其豪贵无人敢与相并也；叫唐衡做『唐两堕』，言其任意妄为，东西无定也。左悺等的兄弟、亲戚，又多是无赖之人，个个都叨冒官职，有做一州方伯的，有做一郡太守的，遍布天下，贪赃坏法，凌虐小民，就与盗贼一般。百姓每困苦无聊，往往逃亡，去为盗贼。其后有中常侍曹节、王甫及赵忠、张让等十个常侍，相继专擅朝政，起党锢之狱，杀贤臣窦武、陈蕃、李膺等百余人，任意纵横，浊乱海内，遂致黄巾贼起。未几，董卓举兵向内，劫迁天子，汉随以亡。

按天文志，宦者四星，在帝座之侧，中官给事左右，供奉内庭，盖王制所不可少者；但不宜授以兵权，使得专制朝廷耳。考之当时，中常侍吕强，清忠，好直谏，最为善良。使桓帝任贤臣李固、黄琼等以为股肱心膂，则汉至今犹存可也。奈何不顾祖制，宠之以五等之封，授之以威福之柄，遂使权倾人主，毒流海内，乱亡之祸，岂非自取之哉！

汉史——

纪桓帝封宦者左悺、贝瑗、徐璜、唐衡、单超为列侯。侯览上缣五千匹，封高乡侯。又封小黄门八人为乡侯。悺等皆据势擅权，交通贿赂，五侯尤贪纵，倾动内外，天下为之语曰：『左回天，贝独坐，徐卧虎，唐两堕。』兄弟姻戚，宰州临郡，与盗无异。民不堪命，多为盗贼。其后中常侍曹节、王甫及赵忠、张让等十常侍，相继专政，浊乱海内，寻召董卓之乱，汉因以亡。

拾陆

西邸鬻爵

汉灵帝

东汉史上，记灵帝于西园中，开设邸舍，如市店一般，鬻卖官爵。官有大小，则纳钱有差等：秩二千石的，如今之知府等官，则纳钱二千万；秩四百石的，如今之县令等官，则纳钱四百万。就是本等以德行，次序应该选除的，也要他纳钱一半，才许他做官。令长，即今之知县，随那地方的好歹，以为纳钱多寡，都有定价。富者纳完了钱才与他官做；贫者赊于他，着他到地方后加倍补纳。又私令左右之人卖公卿。公卿大官，必是资望相应的，然非因近幸入钱，亦不肯便与。公，卖钱一千万；卿，卖钱五百万。将这卖官的钱都收贮在西园库里，以为自家的私藏。

考之于史，灵帝初为侯时，常苦贫，及即位，叹桓帝不能作家计，无私钱，故卖官聚钱如此。夫朝廷官爵，以待贤才。书言：『官不及私昵，爵罔及恶德。』任意与人，犹且不可，况卖之以为私藏乎？且天子富有四海，安用私藏？乃使市贩之辈，冒滥冠裳；贤才之人，高蹈畎亩。上坏朝廷名器之公，下遗百姓剥削之害，未及五年，大盗四起，宗庙社稷且不可保，西园私藏，果安在哉？此正大学所谓『一人贪戾，一国作乱』者也。

汉史——

纪灵帝开西邸卖官，入钱各有差：二千石，二千万；四百石，四百万。其以德次应选者，半之。令长随县好丑，丰约有贾；富者先入，贫者到官倍输。又私令左右卖公卿。公，千万；卿，五百万。于西园立库贮之，以为私藏。

拾柒

列肆后宫

汉灵帝

东汉史上，记灵帝于后宫中，盖造铺店，积聚各样货物，使宫中采女，都学外面市井上人，交易贩卖，又使之彼此偷盗、争斗、喧哗，故意做出那市井上的模样来。灵帝也穿着外面买卖人的亵衣，装作商贾，随着众宫人在酒肆中饮宴，以为欢乐。

夫灵帝之时，奸邪满朝，权纲不振，天怒人怨，灾变叠兴，乃不知恐惧修省，任贤图治而游乐宫中，甘同商贾下贱人的勾当；兼且弄狗着冠，驾驴操辔，亵尊败度之事，无所不为，人心如何不离？盗贼如何不起？东汉之亡也，岂献帝之罪哉！

汉史——

纪灵帝作列肆于后宫，使诸采女贩卖，更相盗窃、争斗。帝着商贾服，从之饮宴为乐。

拾捌

芳林营建

魏主叡

三国魏史上，记明帝叡好土木之功，即位后，大营建宫殿，既作许昌宫，又作洛阳宫，工役连年不得休息。迁徙长安城中秦汉时所造的钟架、铜橐（tuó）驼及铜承露盘到洛阳来；用铜铸两个极大的人，号做『翁仲』，摆列在司马门外；又铸成黄龙、凤凰，安置在内殿前面。筑一座土山于芳林园，欲其速成，乃使公卿大臣每都亲自搬土助工。山既成了，使人栽种杂木好草；又捕捉各样禽兽放在中间，就与真山一般。光禄勋高堂隆、尚书卫觊及司徒掾董寻，都上奏疏极谏其失，明帝通不听他，兴作如故。

夫人君以一人治天下，非以天下奉一人也。明帝之时，三方鼎立，力行节俭，犹恐不足以为国，而乃劳人动众为不急之务。且公卿大臣，朝廷之所素敬礼者，至使负土为山，沾手涂足，尤非使臣以礼之道矣。未几，明帝早崩无嗣，不及一享其乐。魏之天下，又随为司马氏所篡。彼铜人土山之玩，果为谁而作哉？

魏史——

纪明帝好土功，大营宫殿，役连岁不休。徙长安钟虡（jù）、铜驼、承露盘于洛阳；铸铜人二，列司马门外；又铸黄龙、凤凰，置内殿前。起土山于芳林园，使公卿皆负土。树杂木善草，捕禽兽致其中。光禄勋高堂隆、尚书卫觊、及司徒掾（yuàn）董寻，皆上疏极谏，不听。

拾玖

羊车游宴

晋武帝

晋史——

纪武帝既平吴，颇事游宴，怠于政事。掖庭殆将万人，常乘羊车，恣其所之，至便宴寝。宫人竞以竹叶插户、盐汁洒地，以引帝车。而后父杨骏始用事，交通请谒，势倾内外，朝政大坏。至其子惠帝，遂有『五胡乱华』之祸。

晋史上，记武帝自平吴之后，以为天下一统，四海无虞，遂骄纵放逸，好游幸宴乐，不理政事。后宫妇女，多至万人，欲有所幸，不能自决所往，因以羊驾车，任它行去。羊所往处，就那里住下，宴乐寝宿。于是，宫人望幸者，多把竹叶插在门上，盐水洒在地下，引得那羊来食之，以住帝车而宴寝焉。因武帝这等荒淫无度，不理国事，于是皇后之父杨骏得以专权擅政，交通请托，威福权势，倾动内外，朝政日以坏乱。至其子惠帝又不肖，夷狄交侵，五胡乱华，而中朝之祸，自此始矣。

向使武帝平吴之后，兢兢业业，常如前日，帝亦明达之主也，骏安得而用事？天下何从而启乱哉？

贰拾

笑祖俭德

宋武帝骏

宋史——

纪宋主骏大修宫室，土木披锦绣。坏高祖所居阴室，起玉烛殿。与群臣观之，床头有土障，壁上挂葛灯笼，麻蝇拂。袁顗盛称高祖俭德。宋主曰：『田舍翁得此，已为过矣。』

六朝宋史上，记宋主刘骏性好奢侈，嫌他父祖的宫室卑小，乃重新大修造一番，墙壁门柱上，都披着锦绣。宋高祖生前住的去处，叫作阴室，后世以藏高祖的御服。他要把这阴室拆了，改造玉烛殿。因与群臣往那里观看，见阴室里面，床头有个屏障是土做的，墙上挂个灯笼是葛布挽的，挂个蝇拂是麻绳结的。这都是高祖生前常用的器物，质朴俭素，故留之以示子孙也。其臣袁顗因盛称高祖的俭德，欲以感悟宋主。宋主反笑话说：『高祖起于农亩而为天子，本是个庄家老，他有这个受用，已是过分了，岂可与今日同语哉？』

夫不念祖宗创业之艰，法祖宗崇俭之德，且嘲谓如此，尚谓有人心乎？未及一年，他就殁在这玉烛殿里。其子子业，济恶更甚，遂披篡弑之祸。传曰：『俭，德之共也；侈，恶之大也。』岂不信哉？

贰拾壹

金莲布地

齐主宝卷

齐史——

纪齐王宝卷，荒淫奢侈，后宫服御，极选珍奇。宠爱潘妃，尝凿金为莲花以帖地，令潘妃行其上，曰：『此步步生莲花也。』嬖幸因缘为奸利，课一输十，百姓困穷，号泣道路。

六朝齐史上，记齐主宝卷，荒淫奢侈，凡后宫的服饰器用，必选那极其珍贵奇异之物。宠爱一个女子潘妃，尝以黄金打成莲花，贴在地上，叫潘妃在上面行走。齐主观而悦之，说道：『这个是步步生莲花也。』自是取用浩繁，而嬖爱宠幸之人，乘机以行奸网利，指一科十。由此百姓困穷，无所告诉，惟号泣道路而已。其荒淫奢侈如此，在位二年，竟为嬖臣王珍等所弑。萧衍因而篡齐。败亡之祸，岂非自取之哉！

贰拾贰 舍身佛寺 梁武帝

梁史——

纪武帝幸同泰寺，设大会，释御服，持法衣，行清净大舍。素床瓦器，乘小车，役私人，亲为四众讲涅槃经。群臣以钱一亿万奉赎，表请还宫。三请乃许。

舍身佛寺

六朝梁史上，记武帝惑于佛教，尊信甚笃，亲自幸同泰寺，设为大会，聚集僧俗人众，脱去袍服，穿了僧衣，行清净大舍施之法。修持斋素，出了家，把自己的身子舍在寺里。睡的是素床，用的是瓦器，坐的是小车，使唤的只是几个家人，屏去了天子的奉养，件件用度与那出家的一样；又亲升讲堂法座，为僧俗大众讲涅槃经。佛家说，人死去精神常存，但示寂灭而已，叫作涅槃，故有涅槃经。武帝信之，故亲讲与众人听。文武群臣，见武帝迷惑，舍身在寺里，无可奈何，乃共出钱十万，献在佛前，赎出武帝来，上表请帝还宫听政。武帝初时不肯，恳请三次，然后许之。

夫佛家弃父母、妻子，舍身出家，乃西夷之教，不可以治天下。梁武帝不思宗庙社稷之重，土地人民之托，妄自舍身佛寺，倾国以奉浮屠，不过惑于因果报应之说耳。后来侯景之乱，饿死台城，佛安在哉！

贰拾叁

纵酒妄杀

北齐主洋

齐史——

纪齐主洋嗜酒淫佚，肆行狂暴。尝作大镬（huò）、长锯、剉碓之属，陈之于庭。每醉，辄手杀人以为戏乐。杨愔乃简死囚置帐内，谓之『供御囚』。齐主欲杀人，辄执以应命。

六朝齐史上，记齐主高洋，好酒而荒淫、佚乐，肆行狂暴。尝做下烹人的大锅、解人的长锯与铁剉碓臼等物，摆列庭中，以为刑具。每醉便手自杀人，以为戏乐。那时宰相杨愔，不忍无罪之人被杀，乃拣那该死的囚犯，置列庭仗之内，叫作『供御囚』。待齐主醉后要杀人之时，就以此囚应命。

夫人命至重，虽犯罪该死，犹且三覆五奏，然后行刑，是以禹见罪人，下车而泣，重人命也。齐主酷暴如此，岂不失人心？然齐主即位之初，亦尝留心政事，推诚任使；军国机务，独自裁决，可谓贤主。后来只因好酒乱性，遂成无道之君。此大禹之所以绝旨酒，而书作酒诰，以为戒也。

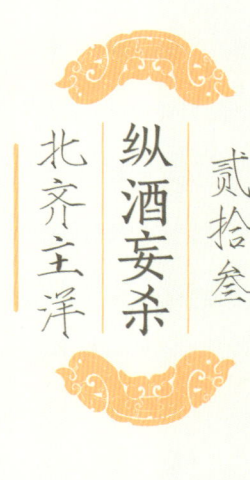

贰拾肆 华林纵逸

北齐主纬

齐史——纪齐主纬，好自弹琵琶，为无愁之曲，民间谓之『无愁天子』。于华林园立贫儿村，自衣蓝缕之衣，行乞其间以为乐。

華林縱逸

六朝齐史上，记齐后主纬，好自弹琵琶唱曲，所唱的曲子音调哀惨，闻者悲伤，反名『无愁之曲』，说他做天子，长享快乐，更无忧愁也。民间相传其事，遂号他为『无愁天子』。尝于华林园内立贫儿村，自家穿着蓝缕衣服，装作乞人的模样，行乞饮食以为戏乐。荒纵至此，焉得不亡？后为周宇文邕所灭。

贰拾伍 玉树新声 陈后主

陈史——

纪后主起临春、结绮、望仙三阁，各高数十丈，陈延数十间，其窗牖栏槛，皆以沉檀为之，饰以金玉，间以珠翠。其服玩瑰丽，近古所未有。上每饮宴，使诸妃嫔及女学士，与狎客共赋诗，互相赠答。采其尤艳丽者，被以新声，选宫女千余人歌之。其曲有玉树后庭花、临春乐等，大略皆美诸妃嫔之容色。君臣酣歌，自夕达旦，以为常。

六朝陈史上，记陈后主叔宝在位，荒淫无度，起三座高阁，一名临春，一名结绮，一名望仙，各高数十丈，阔数十间，其窗户栏杆，都是沉檀好木做成的，又饰以金玉，嵌上珠翠。阁里所摆设的衣服、乐器，都是珍奇美丽之物，近代所未曾见者。其宫室服用奢侈如此。后主又好为词曲，选宫人能文的，叫作女学士；群臣能文的，如江总、孔范等，都纵容他出入禁中，陪侍游宴，叫作狎客。后主每饮宴，即命诸妃嫔及女学士与狎客们同作诗，一赠一答，以为娱乐，无复顾忌。诸诗之中，拣词语极艳丽的，被诸管弦，新作一样腔调，选宫女千余人都唱此曲，与乐声相和。其曲有玉树后庭花及临春乐等名目，曲中的话，大略都是夸美诸妃嫔的容色而已。君臣酣饮狂歌，自晚上到天明，每日如此，以为常事，其声色游宴之娱又如此。

夫人君为万民之主，当爱养财力，惟恐不足；兢业政事，犹恐有过。而后主乃穷奢极侈，流连荒亡，其于民力国事，都不暇顾。书曰：『内作色荒，外作禽荒。甘酒嗜音，峻宇雕墙。有一于此，未或不亡。』今后主有四焉，欲不亡得乎？

贰拾陆

剪彩为花

隋炀帝

隋史——

纪炀帝筑西苑，周二百里，其内为海，周十余里。为方丈、蓬莱、瀛洲诸山，高百余尺，台观宫殿，罗络山上。海北有渠，萦纡注海内，缘渠作十六院，皆临渠。每院以四品夫人主之，穷极华丽。宫树凋落，则剪彩为花叶缀之，沼内亦剪彩为荷、芰、菱、芡，色渝，则易以新者。十六院竞以肴羞精丽相高，求市恩宠。帝好以月夜从宫女数千骑游西苑，作清夜游曲，于马上奏之。

隋史上，记炀帝溺于逸游，用度奢侈。于宫中筑别苑一所，叫作西苑，周围有二百里宽，中为海子，周围亦十余里。海中起方丈、蓬莱、瀛洲等山，以象东海中三神山，各高百尺，山上都有台观、宫殿，罗列于上。海子北边，开一道河渠萦纡回绕，引水注于海子内，沿渠盖院落一十六所，院门都傍临着河渠；每一座院里面，都有宫人美女，而以四品夫人掌管，穷极华丽，以恣游乐。遇秋冬时节，见宫树凋落，则剪五彩绢帛为花、为叶，缀于枝条之间；于池沼中，亦剪彩为荷、为芰、为菱、为芡，贴在水面，与春夏间的景物一般。久之，若颜色改变，又换上新的。其侈靡如此。那十六院中的宫女，彼此各以肴馔精丽相争相胜，以此希恩取宠。炀帝游观无厌，惟日不足，好乘月夜，随从宫女数千骑遨游苑中，命词人编成清夜游的歌曲，使宫女于马上唱之。未几，又游幸江都，留连不返，遂以失国。

考之于史，随炀帝之父文帝，性贪好利，洛阳府库，财货山积。炀帝始为晋王，谗杀太子而嗣立。即位之初，见国家财物繁富，遂奢侈纵肆如此。嗟乎！浚百姓之膏血以实府库，而付之于凶狡淫恶之人，贻谋如此，不亡何待？然则，隋室邱墟，不独炀帝之罪，盖亦文帝之过也。夫人主欲为后世子孙长久之计，惟在示之以恭俭仁厚，而审于付托哉！

贰拾柒

游幸江都

隋炀帝

隋史——

纪炀帝幸江都，龙舟四重：上重有正殿、内殿、朝堂；中二重有百二十房，皆饰以金玉；下重内侍处之。皇后乘翔螭（chī）舟，差小。别有浮景九艘，三重皆水殿也。余数千艘，后宫、诸王、公主、百官以下乘之。共用挽士八万余人，皆以锦彩为袍。卫兵所乘，又数千艘。舳舻相接，二百余里。骑兵夹两岸而行。所过州县，五百里内，皆令献食。一州至百舆，极水陆珍奇，后宫厌饫（yù），多弃埋之。

隋史上，记炀帝从水路巡扬州幸江都地方，所乘的龙舟极其高大。一舟四层：上层有正殿、内殿、朝堂，中两层有一百二十间房，这三层都用金玉装饰。第四层是内侍所居。皇后乘的，叫作翔螭舟，制度略小些，也一样华丽。别有九只船，叫作浮景，一船三层。这九只船都是水殿，以象离宫别馆。其余船数千只，是后宫、诸王、公主、百官以下乘的。共用扯船的夫八万余人，皆以锦彩为衣。还有护卫军士坐的船，又数千只。这许多船在江中，头尾相接，二百余里远。又有马军摆列在两岸上，夹舟而行。所过州县，五百里内，都要供献饮食。多者，一州就有百车，穷极水陆珍奇品味。后宫厌饫用不尽的，无处安顿，多弃埋之。

夫炀帝只为这一己之快乐，不顾百姓之困穷，为巡幸之费，一至于此。岂知民愁盗起，祸生肘腋！江都之驾未回，而长安、洛阳已为他人所据矣，岂非千古之鉴戒哉？

贰拾捌 斜封除官 唐中宗

唐史——纪中宗委政宫闱，安乐、长宁公主，及韦后妹郕国夫人，上官婕妤，尚容柴氏、女巫第五英儿，皆依势用事，卖官鬻爵。虽屠沽臧获，用钱三十万，则别降墨敕除官，斜封付中书，时人谓之『斜封官』。上官婕妤等皆有外第，出入无节。朝士咸出其门，交通贿赂，以求进达。

唐史上，记中宗在位，沉溺酒色，不恤国事，把朝廷政务，都只委托于皇后韦氏，因此，政出多门，朝纲坏乱。韦后的女儿安乐公主、长宁公主，与其妹郕国夫人，及宫人上官婕妤、尚容柴氏、女巫第五英儿，这几个女宠都在内用事，将国家的官爵擅自出卖。不拘什么出身，就是那屠户、卖酒及一应下贱的人，但纳得三十万铜钱，里面就降一道敕书，除授他官，斜封着付中书省发行，也不用文凭，也不由吏部。以此，当时把这些用贿买官的人，都叫作『斜封官』。官爵至此，冒滥极矣。又上官婕妤等数人，都置买下私宅，有时出到私家来，有时进入宫里去，出入任意，没人敢禁止他。一时朝士都出其门，交通贿赂，以求援引进达，风俗至此败坏极矣。

按史，中宗遭武氏之乱，罹幽辱，备尝艰辛，一旦复位，正宜总揽乾纲，励精图治可也。乃又溺爱衽席，至使威福之柄，尽出宫门；爵赏之典，下逮仆隶。所谓前车既覆，而后车不以为戒者也。未几，中宗遂为韦后所毒，唐祚几于再倾。呜呼！可鉴也哉！

贰拾玖

观灯市里

唐中宗

唐史——纪中宗春正月，与韦后微行观灯于市里。

觀灯市里

唐史上，记中宗末年，委政宫闱，任情为乐。尝于正月元宵夜，与韦皇后私出宫禁，观灯于街市里巷之间。

夫人君以万乘之尊，居九重之上，当勤政事，戒逸乐。况中宗遭忧患之后，乃不知戒慎，恣情极意，以天子之贵，观灯市里，混杂于庶民之贱。又且与皇后同行，尤为不可。一则失居尊之体，二则昧防变之智，三则坏宫闱之法，四则倡淫荡之风。一举动之间，犯此四大戒，岂非万世永鉴也哉！

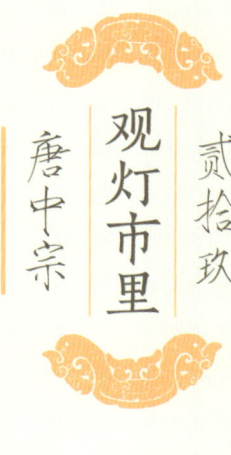

叁拾

宠幸番将

唐玄宗

唐史——

纪玄宗以番将范阳节度使安禄山为御史大夫。禄山体肥，腹垂过膝，外若痴直，内实狡黠。上常指其腹曰：『胡儿腹中何所有？』对曰：『更无余物，止有赤心耳。』上悦，容其出入禁中。上与杨贵妃同坐，禄山先拜贵妃，上问何故，曰：『胡人先母而后父。』上益悦之。常宴勤政楼，百官列坐，特为禄山于御座东间，设金鸡障，置榻，使坐其前，仍令卷帘，以示荣宠。

唐史上，记玄宗宠一个胡人，叫作安禄山，用他做范阳节度使，使掌着一镇的兵马，又加他以御史大夫之职。那安禄山身体肥大，腹垂过膝，看他外面的模样，恰似个痴蠢直遂的人，而其心却奸狡慧黠。玄宗尝拍着他的肚子问说：『胡儿你肚里有些什么，这等样大？』安禄山对说：『臣腹中更无他物，止有一点报国的赤心耳。』玄宗听说，甚喜，又容他出入宫禁。一日玄宗与杨贵妃同坐，禄山进见，先拜杨贵妃，后拜玄宗。这是禄山知道玄宗宠幸杨贵妃，故意趋奉，以悦其心。及至玄宗问他：『何故如此？』他却对说：『我虏人的风俗，先母后父，固如此耳。』玄宗不知其诈，越发喜他。又一日在勤政楼上筵宴群臣，百官都两边待坐。玄宗命于御座东间，张一副金鸡彩障，设一个座榻，命安禄山特坐于群臣之上，还令卷起帘子，使人看见，以彰其荣宠。

按史，禄山曾犯死罪，宰相张九龄谓其貌有反相，劝玄宗早除之。玄宗不惟不听，反加尊宠。其后禄山果反，致令乘舆播迁，中原版荡，唐之天下，几于沦亡。玄宗始悔之晚矣，语曰：『非我族类，其心必异。』岂不信哉？

叁拾壹

敛财侈费

唐玄宗

唐史——

纪玄宗在位久，用度日侈，常赋不足以供。于是江淮租庸使韦坚，户部郎中王鉷，竞为聚敛以悦上意。韦坚引浐水为潭，以聚江淮运船，上幸望春楼观之。坚以新船数百艘，载四方珍货，陕城尉崔成甫，着锦半臂、绿衫，红衲首，居前船唱得宝歌；使美妇百人，盛饰而和之。上喜，为之置宴，竟日而罢。鉷于岁贡额外，进钱帛百亿万，另贮于内库，以供宫中赏赐。上以国用丰衍，故视金帛如粪壤，赏赐无极，海内骚然。

唐史上，记玄宗初年，惜财俭用，及在位日久，荒淫无度，费用日侈，年例钱粮不够使用。于是，江淮租庸使韦坚，户部郎中王鉷，窥见朝廷上用财紧急，争去科敛民财，取悦于上。一日各处转运船只，都到了京城，韦坚要显他的才干，遂引浐水为潭，把江淮一带的运船数百只，装载着四方的珍宝货物，叫陕城县的一个县尉，名崔成甫，身穿着锦半臂，绿衫，头上裹着红衲，在前面船上唱得宝歌；使美妇女百十人，浓妆盛饰，齐声唱而和之。玄宗见了大喜，就在望春楼上，摆设筵宴，尽日而罢。王鉷又于年例之外，进献钱帛至百亿万，另收在内库里，专供应宫中赏赐。玄宗不知韦坚、王鉷原是剥削百姓的骨髓，以供上用；只说天下钱财，这等丰富，用之不尽，把金帛看得如粪土一般，赏赐无有纪极。自是民不聊生，而海内骚然变乱矣。

夫天地生财，只有些数，在官者多，则在民者寡矣。自古奸臣要迎合上意，往往倡为生财之说，其实只是设法巧取民财，横征暴敛。由是杼柚空虚，闾阎萧索，以至民穷盗起，瓦解土崩。虽有善者，亦无如奈何矣。玄宗初年，焚锦销金，崇尚俭德。开元之治，庶几三代，及在位日久，侈念一生，奸邪承之，聚财纵欲，遂成『安史之乱』。由此观之，治乱兴亡之判，只在一念奢俭之间而已。可不戒哉！可不畏哉！

叁拾贰 便殿击球

唐敬宗

唐史——

纪敬宗初即位，即游戏无度，幸内殿击毬，奏乐。赏赐左右乐人，不可胜纪。又召募力士，昼夜不离侧。好自捕狐狸。视朝，月不再三，大臣罕得进见。

便殿擊毬

唐史上，记敬宗初即帝位，那时他先帝梓棺还在殡，通不知哀思，只好游戏，没些樽节，常幸各内殿，与宦官刘克明等打球，又命乐工奏乐、鼓吹、喧闹，全无居丧之礼。赏赐那左右近侍及乐工，泛滥不可尽记。又把钱去雇募有力的人，跟随左右，日夜不离。好自家去捕捉狐狸，以为戏乐。每月视朝还没有三次，大臣不得朝见，政事都荒废了，其后竟遭弑逆之祸。

看史上载敬宗所行，也有几件好事，本是个聪明之主，只为幼年不曾学问，被群小引诱，遂至于此，可悲也哉！

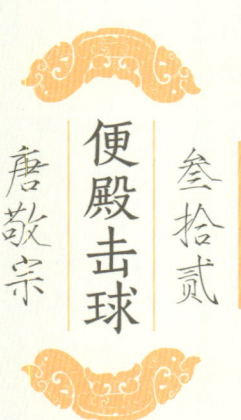

叁拾叁 宠信伶人

后唐庄宗

五代史——

纪后唐庄宗，幼善音律，故伶人多有宠，常侍左右。庄宗有时自傅粉墨，与优人共戏于庭，以悦刘夫人。优人常名之曰『李天下』。诸伶出入宫掖，侮弄缙绅。庄宗信其谗，疏忌宿将，诸将叛之，庄宗为乱兵所弑，侍臣敛庑下乐器，聚其尸而焚之。

五代史上，记后唐庄宗自小时，就精通音律，因此教坊乐工多得宠幸，常随侍左右。那时宫中刘夫人有宠，庄宗有时自家涂抹粉墨装扮乐工的模样，与众乐工共戏于庭前，以悦刘夫人，使她欢笑。其无耻如此。诸乐工们倚恃庄宗宠爱，通不知上下之分，只叫庄宗做『李天下』。因而出入宫禁，侮弄缙绅士大夫，无些忌惮。又谗谮诸有功大将，庄宗听信其言，渐渐疏忌诸将，所以群臣愤嫉于内，诸将怨惧于外，共奉李嗣源以叛。庄宗中流矢而殂，侍臣取廊下陈设的乐器，堆在庄宗尸上，举火焚之。

庄宗平生好音乐、宠优伶，及其死也，与乐器俱焚，所谓君以此始，必以此终者也。夫庄宗初年，艰难百战，以取天下，是何等英武！一旦天下已定，志满气骄，遂致身弑国亡，贻笑千古。兴亡之机，可畏也哉！

叁拾肆

上清道会

宋徽宗

宋史——
纪徽宗幸上清宝箓宫，设千道会，且令士庶入听林灵素讲经，帝为设幄其侧。灵素据高座，使人于下再拜请问。然所言无殊绝者，时时杂以滑稽媟语，上下为大哄笑，无复君臣之礼。又令吏民诣宫，授神霄秘箓。道箓院上章，册帝为教主道君皇帝。

宋史上，记徽宗崇尚道教，曾替道士林灵素盖一座宫，叫作上清宝箓宫。徽宗每临幸其地，便设大斋醮，但来的，既与斋饭，又与衬施钱三百，叫作千道会。且令士民都入宫，听林灵素讲道经。徽宗设御幄于其旁，着灵素在正面坐着高座，使人于下再拜请问。灵素所讲的，却只寻常，无奇异处。时或杂以诙谐亵狎的言语，上下哄然大笑，无复君臣严肃之礼。又令官民人等，都到这宝箓宫里，传授他神霄秘箓，盖假神其术，言受此箓，可获再生富贵也。道箓院官因上表章，册号徽宗作教主道君皇帝。

夫徽宗为亿兆之君师，乃弃正从邪，屈体于异流，猥杂于凡庶，甚至亲受道号，甘为矫诬。自昔人主溺于道教至此极矣！卒有北狩之祸，身死五国城，彼所谓三清天尊者，何不一救之欤？

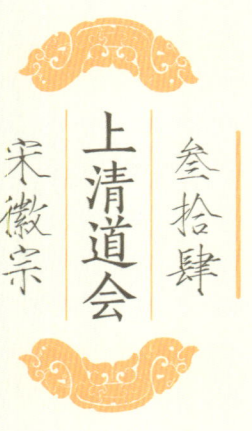

叁拾伍

应奉花石

宋徽宗

宋史——

纪徽宗性好花石，朱冲密取浙中珍异以进，帝嘉之。岁岁增盛，舳舻相衔于淮、汴，号『花石纲』。又置应奉局于苏州，命冲子勔总其事，于是搜岩剔薮，幽隐不遗。凡士庶之家，一石一木，稍堪玩者，即领健卒入其家，用黄帕覆之，指为御物。及发行，必撤屋抉墙以出。斵山辇石，程督惨刻。虽在江湖不测之渊，百计取之，必得乃止。民预是役者，多破产，或卖子女以供其需。

宋史上，记徽宗性喜花石。苏州有人叫作朱冲，闻知朝廷要花石，就密求浙江地方奇异的花石进献。徽宗喜他，因此年年加添，所贡渐盛。淮汴二河中，都是载运花石的船只，络绎不绝，首尾相接，叫作『花石纲』。又置个应奉局在苏州，命朱冲的儿子朱勔总领其事。朱勔既奉朝命，专以购求花石为事。岩穴薮泽之中，通去搜索一遍，虽幽深隐蔽去处，也无不到。凡士庶人家里，有一块石，有一棵树，稍稍可玩的，朱勔就领健卒数十人，直入其家，用黄帕子遮盖了，就指说此是朝廷御用之物，着他看守，及发行时，必撤开房屋，抉破墙壁以出。如山上有奇石就令人凿山以取之，用车船搬运。催督工程，极其惨刻。虽生于江湖不测之渊，他也千方百计以取之，务要得了才止。百姓每为这差使重累，多破荡家产，又有鬻卖子女以供其费者。

夫花石之玩，何益于事？而徽宗乃好之不已。至于上耗国用，下竭民力，曾不知恤，遂使邦本动摇，强虏内犯，身死沙漠，家族播迁，岂不愚哉！

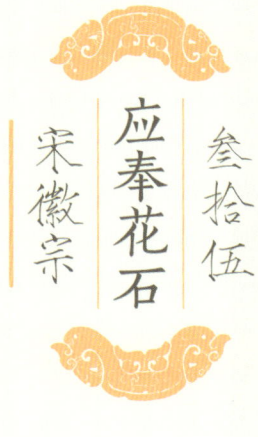

叁拾陆

任用六贼

宋徽宗

宋史——

纪徽宗在位，承平日久，帑庾盈溢。蔡京为相，始倡为『丰、亨、豫、大』之说，劝上以太平为娱。上尝大宴，出五盏玉琖、玉卮以示辅臣曰：『此器似太华。』京曰：『陛下当享天下之奉，区区玉器，何足计哉！』上曰：『先帝作一小台，言者甚众。』京曰：『事苟当理，人言不足畏也。』由是上心日侈，谏者俱不听。京又求羡财以助供费，广宫室以备游幸。兴延福宫、景龙江、艮岳等工役。海内骚然思乱，而京宠愈固权震海内。是时梁师成、李彦以聚敛幸，朱勔以花石幸，王黼、童贯以开边幸，而京为之首，天下号为『六贼』，终致『靖康之祸』。

宋史上，记徽宗时，承祖宗累世太平，仓库钱粮充盈满溢。那时，奸臣蔡京为相，只要保位固宠，乃倡为『丰、亨、豫、大』之说，劝徽宗趁此太平，欢娱作乐。一日徽宗大宴群臣，将所用的玉琖、玉卮示辅臣说：『此器似太华美。』蔡京奏说：『陛下贵为天子，当享天下的供奉，区区玉器，何足计较。』徽宗又说：『先帝尝造一座小台，言官谏者甚众。』蔡京又奏说：『凡事只管自己该做的，便是人言何足畏乎？』徽宗因此志意日侈，不听人言。蔡京又另外设法搜求羡余钱粮，以助供应；广造宫室，以备徽宗游观，起延福宫，凿景龙江，筑艮岳假山，皆穷极壮丽，所费以亿万计。天下百姓，困苦无聊，纷纷思乱，而徽宗不知，恣意游乐，宠任蔡京之心愈固。于是，京之威权震于海内矣。那时，又有梁师成、李彦，固聚敛货财得宠；朱勔，因访求花石得宠；王黼、童贯，因与金人夹攻辽人，开拓边境得宠。这些不好的事，都是蔡京引诱开端的。所以，天下叫这六个人作『六贼』，而蔡京实六贼之首。因此，海内穷苦，百姓离心，到靖康年间，金人入寇，京师不守，徽宗父子举家被掳北去，实宠任六贼之所致也。

自古奸臣要蔽主擅权，必先导其君以逸豫游乐之事，使其心志蛊惑，聪明壅蔽，然后可以盗窃威福，遂己之私。观徽宗以玉器为华，是犹有戒奢畏谏之意，一闻蔡京之言，遂恣欲穷侈，酿祸基乱。嗟呼！此孔子所谓『一言而丧邦者』欤！大抵勉其君恭俭纳谏者，必忠臣也，言虽逆耳，而实利于行；导其君侈靡自是者，必奸臣也，言虽顺意，而害无穷。人主能察于此，则太平可以长保矣。

下篇后记

右恶可为戒者三十六事。自古人君覆亡之辙，大略不出乎此矣。谚曰：『前人蹶，后人戒。』然世主皆相寻而不改。彼下愚不移，固无足怪。至如晋武、唐玄、庄宗之流，皆英明雄武，又亲见前代败亡之祸，或间关险阻，百战以取天下，及其志得意盈，迷心鸩毒，遂至一败涂地，不可收拾。其视中材守成之主，反不逮焉。书曰：『惟圣罔念作狂。』成败得失之机，可畏也哉！

臣等尝伏读我太祖高皇帝实录，与侍臣论及古来女宠、宦寺、外戚、权臣、藩镇、夷狄之祸。侍臣曰：『叔季之君，至于失天下者，常在于此。』高皇帝曰：『朕究观往古，深为用戒。然制之有道，若不惑于声色，严宫闱之禁，贵贱有体，恩不掩义，则女宠之祸，何自而生？厚其恩赉，不任以事，苟干政典，裁以至公，则外戚之祸，何由而作？宦寺便习，供给使令，不假以兵柄，则无宦寺之祸。不设丞相，六卿分职，使上下相维，大小相制，防耳目之壅蔽，谨威福之下移，则无权臣之患。藩镇之设，本以卫民，使财归有司，兵必合符而调，岂有跋扈之忧？修武备，谨边防，来则御之，去不穷追，则无夷狄之虞。』渊哉睿谟，诚万世圣子神孙所当遵守而弗失者也。至于端本澄源，正心修身，以销衅孽于未萌，杜间隙于无迹者，则又备载宝训及御制诸书，伏惟圣明留意焉。臣等不胜幸愿！

帝鉴图说后序

万历元年孟春之吉
吏部左侍郎兼翰林院侍读学士 掌詹事府事 豫章王希烈 撰

今元辅少师张公既辑帝鉴图说奏御，刻其副以传，间示烈，使叙诸后。烈尝考载籍，究观古大臣之义，则叹公之所为虑至远也。自昔嗣德守文之主，莫盛于商周。商周之臣左右，启沃其著者，在训诰保衡，当嗣王之初，称引烈祖陈风愆之戒甚悉。成王生八年而践祚，公旦明勖棐迪、劳逸修短之戒，益加严焉，其大指可睹已。夫辅养之道与匡救异，辅养之于冲年与鼎盛之年异，人主至有佚德，然后忠谏直鲠之士相与随而争之，其转移之甚难，而用力甚倍。辅养之道常止邪于未形，起善于微眇，故渐渍日益，而从之也轻。夫人少而习之，长而安焉。及其安也，骤而告语，未可卒禁；而方其习也，则取舍未定，志意常虚。未定，故可道而趋虚，故可乘而入，与之为贤圣非难也。语曰『少成若性』，途之人皆然，何况人主哉！盖显诤默移，机有深浅，先入后戒，施有逆顺，格心政事，效有微博，故曰异商周之大臣，辨于是矣。

公以顾命元辅，受上眷倚赞襄密，勿孳孳夙夜，居常持议与宫保吕公言。国家大体，必以辅养君德为急。其绘图陈说，皆意所指授，手所疏列，精思极虑而后成之。时时被顾问，质所疑，及圣哲之际，未尝不反复诵之也。至覆亡已事，未尝不慎惋为上深陈之也，斯已勤矣。上以英妙之龄，神智天授，即商周令王不足侔。公辅养得其道，又及其时积之，以精诚而发之乎忠恳，盖信在未谏，功在不言，而海寓蒙福，社稷赖之，即商周大臣不能过。

是图说也，即训诰之义，何以殊焉！於戏！使当士大夫知今日之所亟在君德，不在政事。一切省谈说而除文苛，知公辅养之深意，益务励翼，以佐下风，人人各举其职，则主必益圣，治必益隆，太平可期日而望。是亦公刻以传之意也。图说大指，具公所进疏及大宗伯陆公叙中，故不著著，公之心如此。

图书在版编目（CIP）数据

帝鉴图说 / （明）张居正，（明）马自强，（明）吕调阳编撰. — 北京：作家出版社，2024.1
ISBN 978-7-5212-2386-6

Ⅰ. ①帝… Ⅱ. ①张… ②马… ③吕… Ⅲ. ①政治思想史 — 中国 — 古代 Ⅳ. ①D092.2

中国国家版本馆CIP数据核字（2023）第125726号

帝　鉴　图　说

编　　撰　（明）张居正　马自强　吕调阳
责任编辑　杨兵兵
装帧设计　今亮後聲 HOPESOUND 2580590616@qq.com
出版发行　作家出版社有限公司
社　　址　北京农展馆南里10号
邮　　编　100125
电话传真　86-10-65067186（发行中心及邮购部）
　　　　　86-10-65004079（总编室）
E-mail:zuojia@zuojia.net.cn
http://www.zuojiachubanshe.com

印　　刷　北京雅昌艺术印刷有限公司
成品尺寸　350×325
字　　数　113千
印　　张　16.5
版　　次　2024年1月第1版
印　　次　2024年1月第1次印刷
ISBN　978-7-5212-2386-6
定　　价　498.00元